约翰-科尔曼

罗斯柴尔德王朝

约翰-科尔曼

约翰-科尔曼（John Coleman）是一名英国作家，也是秘密情报局的前成员。科尔曼对罗马俱乐部、乔治-西尼基金会、福布斯全球2000强、宗教间和平座谈会、塔维斯托克研究所、黑人贵族和其他与新世界秩序主题接近的组织进行了各种分析。

罗思柴尔德王朝

The Rothschild Dynasty

译自英文，由Omnia Veritas有限公司出版。

© Omnia Veritas Ltd - 2022

www.omnia-veritas.com

保留所有权利。 未经出版商事先许可，本出版物的任何部分内容均不得全部或部分复制。 知识产权法禁止为集体使用而复印或复制。 未经出版商、作者或其所有权继承人的同意，以任何方式展示或复制全部或部分内容都是非法的，并构成可根据《知识产权法》条款予以处罚的侵权行为。

序言 13

第一章 18
一个破烂商人如何成为世界上最富有的人之一 18

第二章 23
MAYER AMSCHEL 和他的五个儿子有一个好运气 23

第三章 28
罗斯柴尔德家族进入欧洲上流社会 28

第四章 32
耶利哥[法兰克福]的城墙正在坍塌 32

第五章 35
罗斯柴尔德家族对五个大国的掠夺 35

第六章 42
本杰明-迪斯雷利：一个间谍 为罗斯柴尔德家族服务 42

第七章 48
恐怖的见证的法国革命 48

第八章 55
俾斯麦揭示了"主导欧洲的金融高地 55

第九章 61

美国黑人奴隶制的一个被忽视的方面 61

第十章 69
内森-罗斯柴尔德平衡法国债务 69

第十一章 77
法国在共产主义的冲击下幸存下来 77

第十二章 85
萨洛蒙-罗斯柴尔德显示了他的财政实力 85

第十三章 98
国际联盟：试图建立一个单一的世界政府 98

第十四章 102
英国政府背叛了阿拉伯人，阿拉伯的劳伦斯 102

第十五章 107
偷偷摸摸的双关语 107

第十六章 115
背信弃义的阿尔比恩"不负盛名 115

第十七章 121
三方旋转木马决定 巴勒斯坦的命运 121

第十八章 126

犹太复国主义者接管了巴勒斯坦 126

第十九章 130
罗斯柴尔德家族在美国建立了一个中央银行 130

第二十章 136
美国宪法被受雇于罗斯柴尔德家族的腐败立法者践踏 136

第二十一章 142
罗斯柴尔德家族挫败了美国宪法 142

第二十二章 148
罗斯柴尔德家族打破上议院 148

第二十三章 155
罗斯柴尔德的代理机构资助了对俄罗斯的攻击 155

第二十四章 161
对罗斯柴尔德家族的一些看法，他们在战争、革命和金融阴谋中的作用 161

已经出版 167

300 人委员会》的作者约翰-科尔曼博士讲述了 "红盾 "王朝的创始人迈尔-阿姆谢尔如何获得第一笔财富的故事。这与仍然围绕着这个人的神话和传说相去甚远，他起初是一个布匹商人和典当商，在德国美因河畔法兰克福犹太街的一个小房子里工作，他与妻子和家人住在那里。

历史事件往往是由一只 "隐藏的手 "从幕后拉动国王、王子和权贵们的线而造成的。本书对这一现象进行了解释，并对围绕罗斯柴尔德家族产生的传说进行了分析，还揭示了罗斯柴尔德家族的阴谋如何使拿破仑和俄国沙皇亚历山大二世等人倒台。

传说中，梅耶-阿姆谢尔-罗斯柴尔德的 "天才和金融技能 "是由他的儿子们继承的，但事实却截然不同，正如科尔曼博士在这本经过充分研究的书中所表明的，它远远超出了掩盖这个著名家族真实性格的最知名的传说。

阅读关于梅耶-阿姆谢尔-罗斯柴尔德的好运以及他为使其家族成为 "全欧洲的实际统治者 "而采取的措施是非常迷人的。

这本特殊的书不仅是关于过去，也是关于现在和未来。这将有助于解释许多令普通人困惑的事件，如伊拉克战争和对伊朗的战争威胁。

约翰-科勒曼 (JOHN COLEMAN)

序言

罗斯柴尔德家族最初由父亲和他的五个儿子组成，这确实是一个关于机会的故事，是一个坚定的驱动力，以获得巨大的收益，并进入不想要他们的贵族世界。有些人可能认为，把落入梅耶-阿姆谢尔-罗斯柴尔德手中和控制的巨大财富说成是一个"机会"，而其他人则认为这不亚于挪用委托给他的资金，很难说是一个普遍接受的"机会"。

然而，对于迈尔-阿姆谢尔来说，这是一个福音，使他能够离开典当业和出售二手货的生活，进入最高权力领域，考虑到当时的历史，这是一个了不起的成就，在此期间，犹太人受到许多民事法律的约束，旨在形成他们与他们所居住的公国和民族的居民之间的永久障碍。阶级差别是另一个主要障碍，即使对不属于统治贵族的非犹太人来说，也会感到气馁。

阶级流动并不存在，分离是严酷的、严格的，特别是在德国美因河畔的法兰克福，罗斯柴尔德王朝在那里开始了它的非凡历史。Mayer Amschel Rothschild 几乎没有受过正规教育；他的家庭没有座右铭，但他拥有的是坚韧不拔的精神和对宗教的坚定信念。他来自一个资产阶级家庭，一个在法兰克福犹太人区的"外国"家庭。

由于足智多谋和一些不怀好意的批评家所称的"天生的狡猾"，梅耶-阿姆谢尔-罗斯柴尔德能够穿透那些避开甚至鄙视他的贵族家庭的令人羡慕的世界。如果他没有"幸运"（或"不幸"，取决于你站在哪一边）遇到黑森州州长，迈尔-阿姆谢尔-罗斯柴尔德的余生将一直是一个默默无闻的典当商和破烂贩子。他不需要表明自己是犹太人，这是他引以为豪的祖先，迈尔-阿姆谢尔从未试图隐藏自己的出身。相反，他为此感到自豪，即使面对法兰克福犹太人的无情反对，这种反对延伸到欧洲的所有国家。

英国，这个历史上认为最"文明"的欧洲国家，在反对犹太人方面特别激烈。即使是它的领导人物，受过教育的人，也会毫不犹豫地用最不光彩的词语来称呼犹太人。

例如，据格莱斯顿的传记作者爱德华-弗里曼说，格莱斯顿勋爵经常把罗斯柴尔德家族的"男仆"迪斯雷利称为"那个令人厌恶的犹太人"。威尔伯福斯主教以一种不恭敬的方式将迪斯雷利称为"东方犹太人"。

俾斯麦称他为"希伯来的魔术师"，卡莱尔称他为"一个荒谬的小犹太人"。

我提到这些例子是为了说明在 18^e 和 19^e 世纪，即使是受过最多教育的犹太人在商业和金融界渴望获得权力也面临着相当大的困难。一些历史学家和作家认为，罗斯柴尔德家族发明了他们的历史和成就，以获得权力。他们引人注目的存在在历史上产生了很大的影响，可以说，欧洲国家政治和经济生活中的任何重大事件都没有以某种方式涉及罗斯柴尔德家族，即使它被深深地掩盖了。

在许多人的心目中，罗斯柴尔德家族将永远与巨大的财富联系在一起，但正是这种财富带来的权力没有得到应有的认可。事实上，罗斯柴尔德家族并不寻求获得巨大的财富，只是为了能够过上舒适的生活。他们寻求财富，因为财富会给他们带来对所有国家主要政治力量的控制，他们通过这些力量对这些国家进行控制，这种控制一直延续到今天。罗斯柴尔德家族并没有生活在真空中；相反，他们影响了数百万人的生活。莱昂内尔-罗斯柴尔德喜欢认为自己是独一无二的，也许他确实如此。诚然，像他的兄弟一样，他也特别富有，但他的财富从未公开过。有一点是不正确的：

罗斯柴尔德家族并没有从他们生活的国家的货币膨胀中获得财富。没有真正的标记来引导我们了解罗斯柴尔德家族的真实性格，以及是什么驱使他们对金钱的痴迷和对权力的贪婪。

大多数时候，我们不得不猜测这个决心成为欧洲和英国，甚至是世界的隐秘统治者的强大家族的心中所思所想。这并不是因为他们有良好的外表或愉快的说话方式的帮助，这些都是爱尔兰人的自然属性。相反，从各方面来看，他们的肤色都很丑陋，行为也很不雅。迈耶-阿姆谢尔说的是口齿不清的法兰克福意第绪语，这是一种混合了波兰语和德语的表达方式，取自希伯来语。

他给孩子们的教育并没有超出他们所参加的犹太教堂的初级学校的范围。法兰克福的犹太人无论如何是被禁止的，他们不被允许参与席卷欧洲的启蒙运动。

梅耶-阿姆谢尔一直忠实于《犹太法典》的指示，并尊重其所有传统，要求他的孩子们也这样做。他在取得名利后并没有改变自己的生活方式。他和他的儿子们所穿的衣服常常被磨损得不成样子。

在许多大英博物馆的论文和文件中，对这一事实有非常不屑的提及，其中有些是非常贬低的。在一份报告中，切列普-斯皮里多维奇声称，迈尔-阿姆谢尔从来不换内衣，穿同样的衣服 "直到它们从他身上掉下来"。约翰-里夫斯、德马奇和斯皮里多维奇等作家的结论是，用后者的话说，在

> "这个险恶而致命的家族的政治阶段至少可以归因于 1770 年以来降临在各国的所有流血和灾难的一半。

其他人，如《芝加哥论坛报》的编辑，知道有事情发生，但无法说出名字，他在 1922 年 7 月 22 日写道。

> 我们的政治家与他们的政治家相比，就是孩子。我们一再被提供在世界事务中的突出位置。它被扔在我们的脸上，而我们出于愚蠢而拒绝它。

问题是："我们是否拒绝了它，还是有某种隐藏的力量阻止我们采取主动？"德国哲学家尼采在其作品《黎明》中写道。

> 下个世纪将邀请我们见证的景象之一是关于犹太人命运的决定。很明显，他们已经掷出骰子，越过了卢比肯河；他们别无选择，只能成为欧洲的主人，或者失去欧洲，就像他们失去埃及一样，在那里他们面临类似的选择……欧洲有一天可能会像成熟的水果一样落入他们手中，如果他们不迅速抓住它的话。

那些研究尼采的人说，他指的是罗斯柴尔德家族，但我一直无法找到任何证据来支持这一说法，尽管这似乎符合这个著名家族的模式。

他们的许多秘密一直被完全隐藏，可能永远不会被揭开。这些秘密的深度在法国政治家拉马丁的话中得到了揭示。

> 我们想打破所有的枷锁，但有一个看不见的枷锁，压在我们身上。它是从哪里来的？它在哪里？没有人知道，或者至少没有人说。这个协会甚至对我们这些秘密社团的老手来说也是秘密的。

法国外交部长 G.Hanotoux 在 1878 年写道，这只隐藏的手是一个

> "统治政治和迷惑外交的神秘力量"。

迪斯雷利在他的小说《康宁斯比》中完全揭开了其中的许多谜团，该小说对罗斯柴尔德家族的行为进行了薄薄的描述。迪斯雷利不得不把，把许多事实伪装成虚构的，以免人们的愤怒在它所包含的启示中爆发出来。"西多尼亚"无疑是莱昂内尔-罗斯柴尔德，*康宁斯比*只不过是对他的行为进行了浪漫化的描述。

十九岁时，与叔叔一起生活在那不勒斯的西多尼，对她父亲在法兰克福的另一个家庭进行了一次长期访问。在巴黎和那不勒斯之间，西多尼花了两年时间。他是不可能穿透的。他的坦率被严格限制在表面。他观察一切，虽然过于谨慎，但却避免了严肃的讨论。他是一个没有感情的人。

卡尔-罗斯柴尔德住在那不勒斯，梅耶-阿姆谢尔住在法兰克福，因此不难得出结论，"西多尼亚"就是莱昂内尔-罗斯柴尔德，因此我们从*科宁斯比*那里得到了关于罗斯柴尔德家族及其崛起到今天拥有的绝对权力的最佳和最准确的详细描述之一。

解释性说明

请注意，文本中提到了来源和参考资料。我想这将使它更容易参考，避免在一个单独的笔记清单中寻找，而失去连续性。

我沿用了几位维多利亚时代作家的方法和风格，他们发现这是保持故事发展的最佳方式，而不必停下来查阅和寻找特定的资料。我希望你也会发现这种方法比传统方法更容易遵循。

还有一点很重要：我想说明的是，这本书不应该也不能被解释为"反犹太"或"反犹太"。它既不是。相反，它是对一个家庭的真实描述，这个家庭原来是犹太人，而且从不隐瞒。如果不这样写，就像试图写一个关于祖鲁国王查卡的故事，而不说查卡是一个非洲黑人国王。

第一章

一个破烂商人如何成为世界上最富有的人之一

在国际银行业中可能没有一个名字像罗斯柴尔德这个名字一样广为人知，但对这个家族的真实历史却知之甚少。有许多传说、神话和令人遐想的故事，但很少有关于这个家族的真实性格，它改变了历史的进程，它买卖了政治家、国王、公爵和主教，仿佛他们只是商品，当他们的目的达到后，就像破旧的鞋子和旧衣服一样被丢弃。据说这个家族带来了革命、战争和动荡，永远改变了欧洲、远东和美国的面貌。本书的目的是探索罗斯柴尔德家族的历史，了解他们对世界的计划。罗斯柴尔德家族是犹太人，他们从未试图隐瞒或减少这一事实。

纵观历史，从印度到巴比伦再到古代巴勒斯坦，货币事务一直主要是犹太人的事。在法兰克福、伦敦、纽约和香港的货币市场上，犹太金融家占了上风。

到 1917 年，他们已经遍布世界各地。在伦敦、巴黎和纽约的证券交易所，犹太经纪人是业务的骨干。贵金属、钻石和货币在世界各地的流动一直在犹太人的控制之下。我们引用这些事实本身就是事实，并不是要从中推断出什么贬义。犹太人自己也承认这一点。当英国在 1910 年准备与德国开战时，国际犹太金融家，在关键的地方驻扎下来，--而在全世界的国际金融业中处于领先地位的是罗斯柴尔德家族和他们相关的银行机构。在法国是罗斯柴尔德、福尔德、卡蒙多、佩雷拉和比绍夫海姆；在德国是罗斯柴尔德、华沙尔、门德尔松、布莱希罗德；在英国是沙逊、斯特恩、罗斯柴尔德和蒙塔古；在远东是沙逊；在俄罗斯是冈兹堡；在美国是 J.P 摩根、库恩-罗布公司、塞利格曼公司。

最重要的是，罗斯柴尔德家族给他们蒙上了一层阴影，也给他们蒙上了阴影。对罗斯柴尔德家族的批评者声称，摩根和库恩-勒布只是罗斯柴尔德家族的幌子，而所有著名的银行机构都隶属于罗斯柴尔德银行。

这些银行机构由于对投机的谨慎态度以及与罗斯柴尔德家族和彼此之间密切的兄弟关系和亲属关系，经受了许多风暴。罗斯柴尔德家族的创始人是法兰克福商人安塞姆-鲍尔（Mayer Anselm Bauer）的儿子，也就是罗斯柴尔德。父亲出售新货和旧货以及旧币，并以红色盾牌为标志进行典当，因此被称为罗斯柴尔德，在德语中是红色盾牌的意思。罗思柴尔德成为他们采用的正式姓氏。该企业位于法兰克福犹太人区的犹太街，字面意思是"犹太人的街道"，那里有大约 550 个家庭。

Mayer Amschel (Rothschild)生于 1743 年。该家族已在法兰克福定居了几代人。事实上，大英博物馆有一份文件表明，该家族可以追溯到 16_00 世纪初。到 18 世纪，他们是一个相当大的群体。

我已经确定了迈尔-阿姆谢尔的 20 个先例，他是三个儿子中的长子，其父母从事白银贸易，包括购买和销售，他从 10 岁起就参与其中。这种小型贸易实际上是一种对外货币兑换，因为当时德国由 350 个公国组成，每个公国都有自己的货币。

显然，他们被禁止从事在法兰克福对所有非犹太人开放的职业。毫无疑问，犹太人受到了各种限制，其中有些限制相当不公平。梅耶-阿姆谢尔的家是一个哥特式的木屋，梅耶-阿姆谢尔与他的父亲、母亲和三个兄弟一直生活在这里，直到 1775 年，一场大规模的天花流行病席卷欧洲，梅耶的父母都死了。迈尔的父母为他在福尔特的拉比学校报名。

但他既没有耐心也不愿意接受获得文凭所需的长年学习，在 Furth 学习三年后，13 岁的 Mayer Amschel 开始了自己的事业。

人们只能钦佩这样一个年轻人迈出这样一步所需要的勇气。在去汉诺威的路上，这个年轻人在奥本海默银行得到了一份微不足道的 "慈善 "工作，在他到达那里的六个月后，他成为一名学徒。没过多久，他就得出结论，要想在银行业取得成功，就需要一个最重要的王子的保护。六年后，他离开了汉诺威，回到了法兰克福，并于 1770 年与古杜勒-施纳珀结婚。

梅尔和古杜勒（Gutta）占据了一楼，上面有一家商店，梅尔在那里买卖新的和二手商品，就像他父亲在他之前做的那样。许多物品，如绘画和家具，都在人行道上展示。这里是 "银行业大亨 "的家，也是他们的起点，他们将控制世界的金融和伟大的领导人、政治家和国王。古杜勒给迈尔生了五个儿子。正如斯皮里多维奇在《历史的启示》中描述的那样，她与五个儿子的讨论总是围绕着一张 "肮脏的木桌 "进行，一家人在那里聚餐和讨论。

儿子们之间的金融世界的划分是一个最受欢迎的讨论话题。他们的父亲，谈到查理曼的四个孙子，罗马皇帝是如何统治世界的，以及他对儿子们的愿景。他的五个女儿从未被纳入这些讨论中。

查理大帝（Charlemagne）（771-814 年）是一个典型的德国人，身高超过六英尺，是一个出色的运动员，会说希腊语和拉丁语。他是法兰克人的国王，在公元前 800 年至 814 年成为罗马皇帝。然而，尽管梅耶-阿姆谢尔对查理曼大帝充满敬意，但他对所有 "罗马 "的东西都有强烈的仇恨，根据阿尔弗雷德-蒙德爵士在《世界犹太人之战》中的描述，他后来把罗马描述为 "布尔什维克主义的伟大敌人"。[er]1922 年 5 月 1 日，塞缪尔-贡普斯在《芝加哥论坛报》上写道："布尔什维克主义，在提到迈尔-阿姆谢尔时说。

没有什么比承认布尔什维克的暴政更能构成对文明的无用和卑鄙的背叛了。德国和英美银行家的政策是布尔什维克整个努力链条中最危险的因素。布尔什维克的资金达到了数百万美元。

迈尔-阿姆谢尔对罗马世界的仇恨可能源于这样一个事实：自 1762 年以来，美因河畔的法兰克福一直是神圣罗马帝国皇帝的选举和加冕之城，迈尔-阿姆谢尔对此深恶痛绝，因为他知道，天主教会是布尔什维克的死敌。一些历史学家称，他的仇恨是针对俄罗斯的，因为俄罗斯是欧洲最大的基督教国家，在其几位领导人的领导下，犹太人经受了许多苦难和迫害。

在餐桌上，迈尔警告他的儿子们要把财富留在家族内，永远不要在家族外结婚。他解释了希伯来语的'内斯赫克'律法，字面意思是'一口'，这个词用来表示利息，以及'如何在希伯来人之外适用，而不是对他们'。保密是最重要的；家庭以外的任何人都不能知道，他们有多少钱。根据作家约翰-里夫斯（John Reeves）的说法，他在《罗斯柴尔德家族：国家的金融统治者》一书中引用了《揭开卡巴拉哈》（The Kahbalaha Unmasked）一书作者麦克格雷格的话。

五个儿子开始在五个欧洲国家的首都做生意，但他们彼此之间的行动是一致的。自 1812 年以来，罗斯柴尔德的生意是如此巨大，将家族各成员紧密联系在一起的纽带是如此之多，以至于解开它们似乎几乎没有希望。创始人取得的成功是由于世界的动荡状态。梅耶-阿姆谢尔与拿破仑一样，都是财富的孩子。

迈尔-阿姆谢尔有五个儿子和五个女儿。

安塞尔姆-迈尔，生于 1773 年，与伊娃-汉瑙结婚

萨洛蒙-迈尔，1774 年出生，与卡罗琳-斯特恩结婚

内森-迈尔，1777 年出生，1806 年与汉娜-李维-巴尼特-科恩结婚

卡尔，生于 1788 年，与阿德莱德-赫兹结婚

雅各布（James），生于1792年，与他的侄女贝蒂结婚，她是他兄弟萨洛蒙的女儿。他的长子安塞姆获得了成为普鲁士皇家商务枢密院成员、巴伐利亚领事和宫廷银行家的杰出荣誉。

这在今天看来可能无关紧要，因为今天没有阶级差别，但当时僵化的种姓制度使 "平民 "不可能担任这种职务，这种职务总是留给有贵族头衔的家庭，犹太人被明确排除在这种高级职务之外。萨洛蒙-迈尔设法进入了奥地利的实际统治者梅特涅亲王的最核心圈子。

这五个女孩在企业中没有任何股份，在企业管理中也没有发言权，事实上，她们被完全排除在外。大多数时候，他们是在 "包办婚姻 "中结婚的。

据作者约翰-里夫斯说。

> 罗斯柴尔德家族的动向受到仔细监视，对公众来说，其重要性不亚于任何部长的动向。一位热心的调查员被告知，由于没有血统，不可能说出家族所有成员的名字（《罗斯柴尔德金融大王》）。

根据切列普-斯皮里多维奇少将在《历史的启示》中的叙述和伦敦大英博物馆的记录，迈尔-阿姆谢尔在临终前读了一段《塔木德》，然后强迫他的孩子们庄严宣誓，他们将永远保持团结，决不单独承担任何事情。

第二章

Mayer Amschel 和他的五个儿子有一个好运气

在奥本海默银行时，阿姆谢尔非常幸运地遇到了冯-埃斯托夫男爵中将，他是一个与黑森-卡塞尔伯爵关系密切的贵族，这个家族极其重要，其祖先可以追溯到数百年前。

在阿姆斯特朗所著的《罗斯柴尔德货币信托》中指出，陆军侯爵是威廉九世。

"他成了黑森-卡塞尔州侯爵威廉九世的放贷人和代理人。"

功勋卓著的历史学家、军人和作家切列普-斯皮里多维奇伯爵将其简单描述为

"阿姆谢尔成为黑森-卡塞尔州长的管理者。

据说，迈尔为冯-埃斯托夫提供了一些服务，费用由奥本海姆的银行承担，具体细节目前还不清楚。

根据我在大英博物馆的研究，这种做法首先是通过威廉的财务顾问，一个叫卡尔-布德鲁斯的人进行的。

"与罗斯柴尔德家族相似，他们的野心，令人敬畏的顽强、耐心和隐秘，他们进行了一次智力上富有成果的会议，并决定达成一项互助安排。

他们制定的计划的细节从未被披露。然而，1905 年和 1909 年的《犹太百科全书》Vo.在这个问题上，"X"，第 499 页，揭示了这个问题。

最后，他（阿姆谢尔）成了黑森-卡塞尔大公威廉九世的代理人，他在父亲去世后，，继承了欧洲最大的私人财富（估计为4000万美元），主要来自于向英国政府雇佣军队镇压美国的革命。

1806年6月的战役之后，伯爵逃到了丹麦，把60万英镑（约300万美元）留给了迈尔-罗斯柴尔德保管。据传说，这些钱被藏在酒桶里，在拿破仑的士兵进入法兰克福时躲过了他们的搜查，并被完整地送回了选民手中。

事实是不太浪漫，更专业。

我所审查的文件表明，这位被称为 "选帝侯 "的人对进入其国库的钱财的来源并不十分谨慎。黑森雇佣兵是他的本行，被出租给那些有最多资金支付他们的人。

黑森人与统治者拟定了他们的合同，其中明确规定，在他们受雇的军事行动开始时，王子将收到一大笔预付款。此后，要为士兵支付额外的费用，为伤员支付一些额外的费用，如果他们在战斗中死亡，则要支付三倍的费用。这笔钱将支付给雇佣兵或其家属，而不是支付给王子。此外，雇佣合同并不是在宣布和平时才到期，而是在和平后一整年才到期，而且是在雇佣兵回国后才到期。

英国政府是最大的客户，每年 "雇佣 "大约15,000到17,000名黑森人。虽然没有直接证据表明阿姆谢尔和布杜鲁斯是以下计划的实施者，但他们似乎非常有可能是。这笔钱没有被送到王子居住的卡塞尔，而是被保存在英国，在那里进行投资。利息（由阿姆谢尔协商）以汇票的形式支付给侯爵。然后，实际转移到卡塞尔的那部分钱被用来向其他有需要的王子发放高息贷款。这导致了大量的资金进出卡塞尔，为侯爵带来了可观的收入，他与拥有全欧洲邮政垄断权的冯特恩和塔克西斯家族联手。雇佣兵们为挣钱做得最多，但除了承诺的金额外，他们什么也没有得到，因为他们不知道在他们背后进行的 "私人 "交易。

冯图恩和塔克西斯的王子们（300人委员会的成员）很高兴能从战利品中分得一杯羹，作为回报，他们为侯爵以及后来为罗斯柴尔德家族充当情报员。为了做到这一点，他们按照指示打开重要的邮件，阅读其中的内容，并将他们所看到的内容告知侯爵，并根据侯爵的命令加快或推迟信件的投递，使侯爵和梅耶-阿姆谢尔受益，并使他们的债务人受到损害。

(关于冯-图恩和塔克西斯家族的更多细节，请参考《阴谋家的等级制度》、《300人委员会》)[1]。

这些事实确实与阿姆谢尔如何开始其职业生涯的浪漫观念相去甚远，而且比以前发表的任何东西都揭示得更充分。批评者说，事实与《百科全书》中建议的相差甚远。切列普-斯皮里多维奇直言不讳地指出，这些钱没有归还给陆军公爵，实际上是被阿姆谢尔偷走了。在《罗斯柴尔德的金钱信托》中，作者阿姆斯特朗指出："罗斯柴尔德的金钱信托：

> 事实是相当"不浪漫"的。Mayer Amschel Rothschild 侵吞了这些钱。这笔钱从一开始就被玷污了。这是英国政府为其士兵的服务而支付给伯爵的，用于镇压美国革命，士兵们在道义上有权得到它。它首先被黑森的威廉挪用，然后被梅耶-阿姆谢尔挪用。这笔被偷了两次的钱是罗斯柴尔德家族巨大财富的基础。从那时起，它就一直保持着它的原貌。在罗斯柴尔德家族今天拥有的数千亿资金中，没有一块诚实赚取的钱。Mayer Amschel Rothschild 没有把钱放在酒桶里，而是把全部的钱寄给了他在伦敦的儿子 Nathan，在那里他建立了家族的伦敦分支。

这很可能是内森用来开设家族银行 N.M. Rothschild and Sons 的资金。

阿姆斯特朗继续说道。

---

[1] 由 Omnia Veritas 有限公司出版，www.omnia-veritas.com。

> 由于他的服务，阿姆谢尔被任命为帝国皇室代理人，这个头衔使他可以不受阻碍地自由旅行。他与冯-图恩和塔克西斯的王子们的 "伙伴关系 "为他提供了宝贵的信息，这使他在所有竞争性贷款人中具有优势。内森-罗斯柴尔德从东印度公司投资了 800,000,000 黄金（按价值计算，而不是按重量计算），他知道威灵顿在半岛的战役将需要这些黄金。

他赚了不少于四次的利润。

1.在出售惠灵顿纸时，他以一美元 50 美分的价格买入，并按面值收取。

2.关于惠灵顿的黄金销售。

3.关于其赎回。

4.通过把它传递给葡萄牙。

这是巨大财富的开始。一个仍然相对默默无闻的银行职员能够冲破将他与贵族阶级隔开的社会障碍，这是一个了不起的案例。

根据大英博物馆的文件，:

> ......这位王子非常贪婪，也很贪心，对他父亲威廉八世（瑞典国王的弟弟）遗留给他的财富的增加方式不屑一顾。弗雷德里克从冯-埃斯托夫那里听说了阿姆谢尔的聪明和不择手段，他开始对为自己可疑的购买行为找到一个 "稻草人 "感兴趣。

阿姆谢尔将他与腓特烈二世的关系隐藏在谦虚的外表之下，但毫无疑问，他利用自己在老侯爵那里的影响力赚取了数百万美元并获得了政治上的好处。他成为黑森州州长的代理人，他安排的第一笔政府贷款是在 1802 年，当时丹麦政府借了 1000 万塔勒。

虽然当时还不知道，这笔钱来自于陆军伯爵家族的巨额财富。

为了讨好公众，阿姆谢尔宣布他将把自己的利润份额交给腓特烈二世，但他从未这样做。从此，罗斯柴尔德家族的命运成为融资和借贷历史上最令人惊讶的成功故事之一。

他的儿子威廉九世继承了腓特烈二世的位置,并于 1785 年成为威廉一世选帝侯er。当时,阿姆谢尔曾是已故的腓特烈二世的某种"财政部长",知道该家族的所有秘密。

两人一拍即合。他们都出生于 1743 年。阿姆谢尔向选帝侯威廉一世隐瞒了他的真实财富,er,总是穿着同样的衣服,装作很穷。从他成为选帝侯威廉的财富管理人的那一刻起,er,阿姆谢尔的财富随着他雇主的财富减少而增加。1794 年,发生了一件令选帝侯威廉一世er:法国将军霍赫攻占科布伦茨,导致他逃亡。

由于担心自己的腐败行为会因占领而暴露(实际上是阿姆谢尔这个草包的阴谋),选帝侯威廉一世er,在将控制权让给阿姆谢尔后逃离。

这就是罗斯柴尔德家族如何获得资金的真实故事。这不是通过典当、巧妙的投机或任何其他广泛接受的、听起来很浪漫的童话故事。

儿子们的天才应归功于黑森州州长的财富,而不是五兄弟虚构的"天才"!这是一个"通过转换偷窃"的案例,纯粹是简单的。

迈尔于 1812 年 12 月 12 日在法兰克福去世,将他的遗产留给了五个儿子,还有少量遗产留给了他的五个女儿。

第三章

罗斯柴尔德家族进入欧洲上流社会

梅尔把大部分钱留给了他的五个儿子，而留给女儿的钱则少得多，这是他和他的祖先把妇女视为链条中的薄弱环节的标志。

妇女将被用于家庭内部的包办婚姻，用于商业。换句话说，婚姻的安排是为了商业利益。

男女之间的"平等"观念在迈尔的头脑中并不存在。现代社会主义者领导的妇女平等权利运动是在一百多年后才出现的，而且主要限于非犹太妇女的平等权利。阿姆谢尔把欧洲各国像面包一样分割开来，把德国、奥地利、英国、意大利和法国分配给他的儿子们作为"他们的领土"。

后来，他把他的一个家庭成员，一个叫 Schoeneberg 的人，以 August Belmont 的名义送到美国。他成为秘密通过立法让联邦储备系统成为法律的隐秘之手。

罗斯柴尔德的儿子们的兴趣变成了国际金融和银行业，他们在欧洲的主要首都巴黎、那不勒斯、维也纳和伦敦建立了分支机构，每个分支机构都由五个儿子中的一个密切监督，而"贝尔蒙特"则大量参与了银行，以及美国的民主党政治。在相对较短的时间内，罗斯柴尔德家族能够将整个欧洲带入他们的轨道并受到他们的影响。他们收买官员，结交欧洲的君主和王子，同时确保没有外人进入这个家族。当其中一个女儿开始"恋爱"时，她被无情地粉碎了。她被告知，兄弟们把婚姻看作是一桩生意，为伙伴关系安排婚姻。

仅仅用了一代人的计划、阴谋和对公众舆论的操纵，罗斯柴尔德家族就成为最大的力量和影响，不仅在欧洲事务中，而且在远东，后来在美国。通婚将这个家庭焊接成一个有凝聚力的强大阵线。1815年，奥地利铺平了道路，授予五兄弟世袭的"男爵"头衔，以及随之而来的土地财产。他们流星般的成名、发财和掌权让人惊叹。他们从来没有在没有与他们的"通信代理"和"特权信息来源"--冯-图恩和塔克西夫妇密切协商的情况下做出决定或行动。

如果不能取得政治权力地位，就会被收买。例如，法兰克福的负责人梅尔-阿姆谢尔（Mayer Amschel）在普鲁士商业枢密院买了一个席位。这是一个在过去只有皇室才有的职位，它的成功震动了普鲁士贵族，引起了许多惊慌和不安。

波旁王朝复辟后（罗斯柴尔德家族在其中发挥了重要作用），最小的兄弟詹姆斯（雅各布）获得了在巴黎建立罗斯柴尔德银行分行的特许证。

詹姆斯迅速意识到铁路的重要性，为几条新线路提供资金，并赚取了巨额财富。他借给了不断花钱的波旁王朝数百万法郎。

内森是五兄弟中的天才。他是队伍中的第三人，是其他人向他寻求建议的人。当，兄弟俩决定搬到英国，他们把内森送到北方严峻的工业城市曼彻斯特，而不是伦敦。这是因为罗斯柴尔德家族对该城市的布匹贸易有重大的商业计划，他们打算在将其业务转移到伦敦之前充分利用这些计划。英国陆军和海军制服的大部分布料最初来自德国。通过 Von Thurn 和 Taxis 的邮政垄断提供的"邮政情报"，罗斯柴尔德家族得知与拿破仑的战争迫在眉睫。内森很快被派往德国，购买所有这些织物的库存。

当曼彻斯特制造商受英国政府委托为陆军和海军制造制服时，他们像往常一样派代理人去德国采购必要的布匹库存，结果得知所有的生产都已经卖给了内森-罗斯柴尔德，他们现在不得不向其购买。

当这一消息传到曼彻斯特时,随之而来的是一场激烈的骚乱。在某些时候,内森为自己的安全感到担忧。在曼彻斯特呆了五年后,内森于1805年搬到了伦敦。

事实上,"逃跑"会是一个更好的描述,当公众对他的行为的愤怒开始增加时,他被迫这样做。

内森取得巨大成功的主要原因之一是,他明白快速沟通是击败竞争对手的关键。他用最快的骑手、船只甚至信鸽进行交流。他贪婪地寻找"内部信息",对他的竞争对手和政府隐瞒这些信息。他在欧洲的所有首都都有他的秘密特工。

这支忠诚的队伍从不犹豫地在夜间骑行,无论冬夏。他们培育了最好的信鸽品种,用最快的船航行,有时买下法国和英国之间的所有通道以阻挡竞争对手。

内森最大的专业原则是以巨大的折扣购买那些正在违约或即将违约的政府债券。一段时间后,有关政府面临巨大压力,要求按面值偿还债券,这给内森带来了难以置信的利润。他成为一半以上的欧洲政府的金融代理人。一些非常了不起的人过去曾说过"文明在1790年结束",包括英国著名的建制派作家威尔斯(H. G. Wells),他在《纽约美国人》(1924年7月27日)上说,人类的精神和道德进步在18_00世纪结束。

威尔斯受到罗斯柴尔德家族的好评,他们喜欢他的国际联盟的想法,威尔斯称之为"世界国家",他说这是不可避免的。Erlangers 夫妇为此捐赠了3000美元,N.M. Rothschild 也是如此。

爱尔兰剧作家乔治-萧伯纳告诉希莱尔-贝洛克:"1790年发生了一件巨大的事情"。*纽约时报*对此进行了报道。

> 有理由相信,他们指的是18世纪中后期开始的伟大革命运动,1779年阿姆谢尔-罗斯柴尔德成为地球上最富有的人--黑森州卡塞尔侯爵的主人。

第四章

耶利哥[法兰克福]的城墙正在坍塌

我之前提到，只有五百个犹太家庭被允许住在德国的法兰克福。Mayer Amschel 对问题的处理成为他的标志。在拿破仑的儿子出生之际，法兰克福大公达尔贝格想去巴黎表示敬意，但没有一家银行愿意借钱给他去旅行。

然而，老阿姆谢尔看到了使达尔伯格成为他的债务人的可能性，并以 5% 的利率借给他 8 万古尔登。只要支付了利息，大公就没有压力去偿还贷款，但同时，罗斯柴尔德家族要求的恩惠很少有大公可以或愿意拒绝的。

阿姆谢尔和他的家人无视法国对英国的抵制，从事了大量的走私活动，这让罗斯柴尔德家族赚了不少钱。怀疑落在阿姆谢尔身上，并计划在 1809 年 5 月进行一次突袭。

达尔贝格从未错过以优惠利率向阿姆谢尔借钱的机会，他通过他的执行警务专员冯-艾兹林通知他即将发生的突袭。

疯狂的活动将违禁品和机密文件交给了可靠的朋友，因此当萨瓦格纳探长和他的手下到达时，他们发现老迈尔-阿姆谢尔躺在床上，经过搜查，没有发现任何机密。虽然拿破仑的贸易抵制检查员空手而归，但阿姆谢尔还是被罚了区区 2 万法郎，但他逃过了牢狱之灾，如果走私行为被检查员发现，就会出现这种情况。

当动乱平息后，阿姆谢尔解决了对允许居住在法兰克福的犹太家庭数量的限制问题。他找到了达尔伯格，后者仍欠他贷款本金。

根据法律规定,每个犹太家庭必须每年缴纳 22,000 古尔登的税款才能留在该市。阿姆谢尔和他的一个合伙人,一个叫甘布雷希特的人,说服大公接受一笔钱,让犹太人在法兰克福享有公民权,而基督教多数派则强烈反对。此外,阿姆谢尔不仅要求获得平等的公民权,而且还要求允许犹太人创建自己的管理机构和理事会。

贪婪的达尔伯格要求阿姆谢尔提出的一次性付款是总年费的 20 倍。

阿姆谢尔和他的朋友们以支付 29.4 万古尔登的现金和不记名债券的余额来回应这一要求。

在给大公的一封信中确认了这一安排和条件,阿姆谢尔表明,当需要谦卑和谄媚的行为时,他是一个艺术大师。

> 如果我能够成为这个好消息的信使,一旦它被我们最优秀的勋爵和大公殿下签署赞成,我就可以把他们的巨大喜悦告知我的国民,你会好心地通过邮件通知我,承认我滥用了你的仁慈和恩惠。但我毫不怀疑,殿下和您尊贵的家人一定期待着巨大的天国回报,他们会得到很多幸福和祝福,因为事实上我们整个犹太社区,如果他们有幸获得平等的权利,他们会非常高兴地支付所有公民必须支付的费用。

请注意阿姆谢尔是如何大胆地宣称法兰克福的犹太人构成了一个独立的民族。该协议花了一些时间才被通过,但当它被通过后,阿姆谢尔立即宣布成立以色列宗教团体的管理机构,由冯-艾兹林(犹太人)担任第一任主席,这也许是对他在 1809 年 5 月向阿姆谢尔通报计划中的走私袭击的奖励。元老院和基督徒非常愤怒,立即抨击该协议给予犹太人特殊的特权。

据传,达尔伯格收到了一笔巨额款项,但他并没有公开。反对达尔伯格和犹太人的情绪达到了顶峰。有人指责以贿赂换取平等权利。随着拿破仑的倒台,达尔贝格被废黜,由黑森的冯-休格尔男爵取代。

阿姆谢尔并不害怕奥地利或普鲁士,他把他们的政府握在手心，但他担心，当维也纳会议在 1814 年决定法兰克福的地位时，达尔贝格协议将不会得到遵守。他派雅各布-巴鲁克和某位贡普斯作为他的代表，但维也纳警察将他们作为革命者进行监视，并下令将他们驱逐。

然而，由内森-罗斯柴尔德创建的梅特涅亲王，就像亚当-韦肖普特、拿破仑、迪斯雷利和俾斯麦都只是罗斯柴尔德家族的傀儡创造者（或 "心腹"）一样，取消了这项命令。贿赂和腐败是公开进行的。

有人向洪堡提供了三枚美丽的祖母绿戒指，是一笔真正的财富，外加四千杜克特，但他拒绝了。

然而，梅特涅的秘书弗雷德里克-冯-根茨接受了所提供的贿赂，并永远成为罗斯柴尔德家族与强大的奥地利贵族和政治领导人的重要中间人 。

当拿破仑从圣赫勒拿岛的流放地登陆法国领土的消息传到国会时，"犹太人问题 "不得不被搁置。维也纳会议是第一次由国际银行家主导的世界会议，罗斯柴尔德家族为银行家控制所做的决定做出了巨大贡献。

第五章

罗斯柴尔德家族对五个大国的掠夺

奥地利代表 Buol-Schauenstein 伯爵对达尔伯格-罗斯柴尔德与法兰克福的犹太人进行的交易感到震惊。

> 贸易仍然是犹太人的唯一生存手段。这个民族从不与其他民族合并，而是始终坚持追求自己的目标，很快就会使基督教企业黯然失色；随着他们的人口急剧增加，他们很快就会遍布整个城市，这样，一个犹太商业城市将逐渐出现在我们可敬的大教堂旁边。

我花了相当多的时间研究大英博物馆中以某种方式提及该家族的文件，以便我能够写出罗斯柴尔德王朝的崛起，而所说的大部分内容都来自这一来源。詹姆斯男爵已经成为一个伟大的人物。国王和大臣们被迫依靠他，他通过向复辟政府提供 5.2 亿法郎的贷款来证明这一点，因为在大革命和帝国的伟大战争之后，复辟政府需要钱。Toussenel 在他的《Les Juifs rois de l'époque》中写道。

> 致命的 1815 年可以说是新政权的时代；虽然在这之前，银行家联盟，他们买下了巨大的动荡，莫斯科战役和滑铁卢--人们必须记住犹太人对我们（法国）国家事务的干涉。1815 年，法国被判处支付 1.5 亿法郎的战争赔偿金，成为法兰克福、伦敦和维也纳的国际金融家的猎物，他们联合起来利用法国的灾难。詹姆斯-罗斯柴尔德只为每张 100 法郎的政府债券支付了 50 法郎，并获得了 5 法郎的利息，这使得资金的百分之十，借出后，第二年本金开始有两倍的收益。詹姆斯成为国王们的贷款人。再加上他在股票市场上的投机行为，他可以影响股票的涨跌，使男爵的收入膨

胀到数百万。

> 在 1815 年至 1830 年期间，罗斯柴尔德家族除了掠夺五个大国：英国、俄国、法国、奥地利和普鲁士之外，什么都没做。例如，普鲁士以 5%的利率借了 500 万英镑，但只收到 350 万英镑或 70%的政府债券，所以实际利率超过 7%。但交易的关键点是，这些债券将在几年内以 100%的比例偿还。罗斯柴尔德家族赚取了 150 万英镑的利润和利息。1823 年，詹姆斯接管了整个法国贷款。

根据 Werner Sombart 教授在其《*犹太人与经济生活*》一书中的说法。

> 从 1820 年起，这一时期成为罗斯柴尔德家族的时代，因此，到本世纪中叶，人们通常会说，欧洲只有一个势力，那就是罗斯柴尔德家族。

如前所述，迪斯雷利的小说作品《*康宁斯比*》是对内森-罗斯柴尔德二世生活的薄薄的描述，而且极其露骨。

> 他的父亲[内森-罗斯柴尔德]在大多数主要首都建立了一个兄弟会。在那里，他是世界货币市场的主宰，当然，实际上也是其他一切事物的主宰。他实际上掌握着意大利南部的财政收入[通过那不勒斯的卡尔-罗斯柴尔德]，所有国家的君主和大臣都在征求他的意见，并以他的建议为指导。在巴黎和那不勒斯之间，西多尼[Lionel]花了两年时间。西多尼没有心，他是一个没有感情的人。

这是内森-罗斯柴尔德口述给迪斯雷利的书，并作为小说出版，但没有比这更准确的罗斯柴尔德家族的历史。迪斯雷利是谁？

在 *La Vielle France* N° 216 中，俾斯麦说，迪斯雷利只是罗斯柴尔德家族的工具，是迪斯雷利和罗斯柴尔德家族制定了通过大规模内战肢解美国的计划。迪斯雷利只是他们的创作之一，他们把他从默默无闻提升到了光荣的地位。他的祖父本杰明-德-以色列于 1748 年抵达英国。他的儿子艾萨克-德-以色列出生于 1766 年，很快成为一名布尔什维克。他的作品之一是《*反对贸易*》。

关于他的父亲，迪斯雷利说：他和有学问的人生活在一起。这些有学问的人是内森-罗斯柴尔德和他的随行人员。顺便说一下，"El-Israeli"（D'israeli？）是一个源自土耳其的阿拉伯语名字，在中东地区用来指代犹太裔人。他的父亲的家族很可能是从土耳其来到意大利，并在安科纳或岑托定居。艾萨克的领域是写作，像他之前的许多学者一样，他经常去大英博物馆。

他也是草帽、大理石和明矾的进口商，但艾萨克想写作。

1788 年，他的父亲送他到法国、意大利和德国学习。他于 1789 年回到英国，写了《文学的好奇心》（*Curiosities of Literature*），该书由社会主义者约翰-默里出版。该书在文学上取得了成功，经历了 13 个版本。

本杰明可能从他父亲那里继承了他的写作技巧。

本杰明于 1804 年出生在一个普通家庭，按照犹太习俗在第八天接受了割礼，并在犹太信仰中长大。虽然他以此为荣，但我们相信他很早就知道，就公职而言，他的 "犹太人" 身份将是一个不利因素，因为在当时的英国，宗教禁止犹太人成为政党成员。

但在内森-罗斯柴尔德的命令下，在 13 岁时，本杰明于 1817 年 7 月 31 日接受了基督教的洗礼，以便他能够进入英国社会和政治机构，当时的《测试法》对犹太人是关闭的。内森-罗斯柴尔德的命令是打破所有针对犹太人的障碍。

他曾对内政大臣墨尔本勋爵说："我将成为英国的首相"，墨尔本认为这是异想天开和不可能的。当然，墨尔本当时并不知道迪斯雷利与罗斯柴尔德家族的联系。但首先，必要的资金必须来自某处。二十二岁时，他开始在股票市场上 "投机"，对于一个一直身无分文的人来说，这是很不可能的职业。

一个叫托马斯-琼斯的人--很可能是个假名--先是拿出两千英镑，然后是九千英镑--在那个年代，这可是一笔巨款，可以投资给一个身无分文、毫无经验的作家！"。不需要太多的想象力就可以得出结论，'托马斯-琼斯'不是别人，正是内森-罗斯柴尔德。

正如拿破仑一世的传记作者 er、俾斯麦、梅特涅、苏尔特元帅（在滑铁卢背叛了拿破仑）、卡尔-马克思、邦贝尔斯、拉萨尔、赫兹、克伦斯基和托洛茨基一样，对迪斯雷利这个曾经不存在的人赞不绝口。沃尔特-斯科特爵士的女婿J.G.洛克哈特在1825年写道："他在旁边。

> 我可以坦率地说，我从未见过一个更有前途的年轻人。他是一个学者，一个勤奋的学生，一个深刻的思想家，一个巨大的能量，一个平等的毅力，一个不懈的应用，一个彻底的商人。他对人性的了解和他所有想法的实际倾向，常常让我这个刚过20岁的年轻人感到惊讶。

另一位眼花缭乱的朋友写道。

> 他没有地位，没有重要的朋友，也没有财富，但他是一个有能力的科学家，他的大胆构思和辉煌的胜利让机构眼花缭乱。他有那种至高无上的自信，相当于虚拟的天才。他从不气馁。

他当然是这样做的！在内森-罗斯柴尔德的支持下，他将世界置于他的脚下。如果历史能被改写就好了！

> 英国贵族并没有被"法国"大革命所摧毁，他们一直在坚决反对犹太人，直到迪斯雷利代表罗斯柴尔德家族打败了他们。迪斯雷利是一匹特洛伊木马，溜进了英国社会及其政治机构的核心。

(切列普-斯皮里多维奇伯爵和大英博物馆的文件)

1922年12月，英国《卫报》发表了约翰-克拉克博士的一篇文章，值得引用。

> 而这个强大的公司[罗斯柴尔德家族]管理法国和英国政府的方式，可以从最近的两个事件中推断出来。法国使馆秘书蒂埃里先生在伦敦的大使馆，几个月前与罗斯柴尔德家族的一名犹太妇女结婚。而现在，博纳-劳[承诺遵循迪斯

雷利政策的英国首相]的新 "保守党 "的隐藏导师也是如此。

政府诱使他派一个非外交的 "自由主义者"，克鲁侯爵夫人作为驻巴黎大使，她的妻子是汉娜-罗斯柴尔德的女儿，罗斯贝里伯爵夫人。这里我们有法英协约的真正基础--"R.F."，代表罗斯柴尔德兄弟（Rothschild Frères），涵盖大英帝国、法兰西共和国以及莫斯科和华盛顿之间的大多数其他共和国和王国。

是谁为英国政治舞台上如此惊人的变化铺平了道路？是迪斯雷利，他 "控制 "了总理波纳-劳。在巴克尔的《迪斯雷利的生活》中，作者没有说明谁造就了迪斯雷利。

"英国历史上没有比迪斯雷利的职业生涯更精彩的了，而且迄今为止没有一个人被笼罩在更大的神秘之中。"

事实上，根本就没有什么 "神秘"。如果不是内森和他的儿子莱昂内尔-罗斯柴尔德，迪斯雷利永远不会存在于他的小而紧密的家庭圈子之外。从 1832 年到 1837 年，迪斯雷利遇到了未偿还债务的重大问题。1835 年 4 月，他被迫把大部分时间花在室内，以 "避免被债权人掐死"，他在给他的情妇亨丽埃塔-赛克斯夫人的信中这样写道。

1835 年 8 月，迪斯雷利去了布莱德纳姆，以逃避他的债权人。其中一个人是奥斯汀，他威胁要把他逮捕并送进债务人监狱。在布拉登汉姆，他试图写他的小说《亨丽埃塔-坦普尔》。这时，他的债务已经给他的写作蒙上了阴影。7 月，他的另一个债权人，一个一直在催促付款的托马斯-马什（Thomas Mash）变得很急迫，迪斯雷利（当他冒险外出时）走在路上，担心即将被逮捕。

他一直处于财政困难之中，20 岁时负债累累，无法在下议院赢得一个席位，而他在 1832 年至 1837 年曾试图这样做，从 10 岁起就一直关注他的罗斯柴尔德家族让他成为他们的"男仆"。

本杰明在 1849 年写给他妹妹萨拉的信中承认了这一点。那一年是他人生中最糟糕的财务时期。他被债权人骚扰，不得不在巡回法庭上出庭，正如他在给莎拉的信中所说，"梅耶-罗斯柴尔德不知不觉地把猫从袋子里放了出来"。

迪斯雷利并没有像巴克尔所说的那样"将英国提升到最高位置"。相反，他所做的是让英国为一系列灾难性的战争做好准备。他用关于"大俄罗斯"是对英国的所谓危险和威胁的谎言吓坏了几代英国人。格莱斯顿首相指责迪斯雷利撒谎。他对所谓的俄罗斯"危险"是真诚的吗？

格莱斯顿勋爵说，他只有两件事是"认真的，他的妻子和他的种族"。格莱斯顿显然不知道本杰明对罗斯柴尔德家族是"认真的"，他很少谈及罗斯柴尔德家族，也许是因为任何级别的人都不能挑战罗斯柴尔德家族而不受惩罚。本杰明-迪斯雷利是罗斯柴尔德家族、莱昂内尔、迈尔、安东尼和他们的家族，包括蒙特菲奥雷家族的合适人选。在给他妹妹萨拉的信中，他写道，在他的蜜月之后，在蒙特菲奥雷夫人的家里举行了一个聚会，而且"没有一个基督徒的名字"。

毫无疑问，本杰明为他的导师们提供了巨大的服务，从他的高位为他们提供了"情报"。

众所周知，正是这些"间谍工作"之一，使罗斯柴尔德家族推出了利润丰厚的苏伊士运河贷款。

被描述为迪斯雷利策划的"政变"，事实却并非如此简单。通过他的秘密"情报"服务，迪斯雷利了解到，埃及酋长，伊什梅尔-帕夏，想出售他在苏伊士环球公司的股份。

由于冯-图恩和塔克西斯的邮件控制所提供的'信息'，1875年11月15日，迪斯雷利被告知，赫迪夫正在与两家法国银行就出售股份进行谈判。迪斯雷利立即赶到莱昂内尔-德-罗斯柴尔德男爵那里，他同意为此向英国政府提供一笔贷款。这个秘密计划由莱昂内尔和迪斯雷利制定，并于11月24日提交给英国内阁接受。莱昂内尔如此迅速的行动能力没有被提及，因此在公众眼中，这仍然是一个"迪斯雷利的特技"。

这段记述取自切列普-斯皮里多维奇少将的作品集，对消除围绕内森-罗斯柴尔德、他住在伦敦的近亲和远亲以及传奇人物迪斯雷利的生活和时代形成的神话和传说有很大的帮助。

第六章

本杰明-迪斯雷利：一个间谍为罗斯柴尔德家族服务

这是一个双赢的局面，罗斯柴尔德家族总是准备保释本杰明的财务问题，特别是在1835年、1849年、1857年和1862年，当时他的债务达到了今天的约30万美元，而且没有办法偿还。面对追杀他的敌人波特兰公爵，他被罗斯柴尔德男爵的一个幌子"借钱"，一个叫菲利普-罗斯的人，他碰巧与罗斯柴尔德男爵同时住在托基的同一家酒店。我们被引导相信，罗斯说服罗斯柴尔德借给迪斯雷利他所需要的钱。托尔坎位于英格兰东海岸，是一个时尚的海滨度假胜地，拥有精美的酒店和温泉，经常有皇室成员和他们的亲属来这里。在同年12月给他姐姐的信中，本杰明写道。

> "他喜欢给他的朋友，而不是借给别人，因为他从不从我这里获取利益......"

我提议研究一些世界上最有名的人的历史，并试图发现罗斯柴尔德家族在他们生活中扮演的角色。出于同样的原因，我还将研究革命和战争。这是一项艰巨的任务，但比以往更有必要。

在统治精英的历史上有太多的谎言，我们的感官已经迟钝了，我不知道这个世界上的普通人怎么会知道真相，他们不得不在这些动荡中首当其冲，却从未，他们为什么要做出如此可怕的牺牲。当然，他们的解释是通过宣传锤炼出来的，让大多数人满意，但对于那些想知道真相的人来说，仅仅谈论 "爱国主义"、"爱国"、"让世界对民主安全 "和打一场"结束所有战争的战争"从来就不够。我不能在历史上走得太远，所以让我们从冲击世界的一些最具爆炸性的动荡开始，从18世纪和相关人物开始，然后一直到20世纪。由于篇幅原因，我们将只讨论这些事件中最重要的方面。

虽然没有切实的证据表明罗斯柴尔德参与了法国大革命的大灾难，但历史学家倾向于认为他们通过他们的一些代理人在背后支持大革命。他们对基督教的憎恨众所周知，他们希望摆脱法国所代表的基督教君主制，这是革命的动力。反对基督教的因素是会促使罗斯柴尔德家族采取间接行动，一有机会就与之对抗。

过去有一件事已经很清楚了：从那时起打的所有战争都是为了推进国际社会主义，而罗斯柴尔德家族是国际社会主义的坚定支持者。

大英博物馆的文件表明，罗斯柴尔德家族深度参与了1770年以来的所有起义和战争。有证据表明，罗斯柴尔德家族的一个分支通过摩西-蒙特菲奥雷爵士的叔叔摩西-莫卡塔的银行参与了对法国大革命的资助，他的兄弟亚伯拉罕-蒙特菲奥雷与迈耶-阿姆谢尔的女儿珍妮特结婚。

Mayer Amschel的儿子Nathan于1806年与Moses Montefiore爵士的嫂子结婚。亚伯拉罕-蒙特菲奥雷的另一个女儿路易莎在1840年嫁给了安东尼-罗斯柴尔德爵士。

对历史采取实事求是的态度使我们了解到，丹尼尔-伊齐格（Daniel Itzig）、大卫-弗里德兰（David Friedlander）、赫兹-杰里伯（Herz Geribeer）以及本杰明和 Abraham Goldsmidt等犹太银行家是"法国"革命的主要资助者。值得注意的是，在迈尔-阿姆谢尔的后裔缔结的五十八桩婚姻中，有二十九桩是在嫡亲表兄弟之间。

从1848年起，步伐加快了。马克思确立了所有战争都应以推进国际社会主义为目标，列宁和托洛茨基将这一点写入了共产主义学说。第一次世界大战是为了在俄国建立布尔什维克主义，在巴勒斯坦建立一个"犹太人的家园"，摧毁天主教会和肢解欧洲而发动的。

在国际联盟的伪装下,第一次尝试建立一个单一的世界政府。第二次世界大战是为了消灭日本和德国--这两个民族精神特别强烈的国家--使苏联成为共产主义世界强国,并将布尔什维克主义的影响扩大到世界的四分之三。在战争结束后,美国被敦促加入下一次建立单一世界政府的尝试,即联合国。

第二次世界大战改变了美国的面貌,美国因其大量的国际社会主义者占据权力地位而被迫从其宪法和共和政体中抽身,承担起新的世界罗马帝国的角色。简而言之,美国已经从其基督教共和制的政府形式转变为一个注定要为国际社会主义征服世界的帝国大国,并以国际社会主义的名义征服世界。

在这些强大的变化背后,是权力、金钱和罗斯柴尔德家族的指导之手。我将试图回顾引发这些战争的主要事件和其他重要的历史事件。

在法国爆发革命的时候,贵族和神职人员对法国公民是很自由的。他们有工作自由和新闻自由;根据路易-达斯特的《共济会与恐怖》一书,根据1789年8月10日之前的记录--法国人民想要的一切自由、免于过度征税的自由和宗教自由都已得到满足。如果说我从历史中学到了什么,那就是有一种邪恶的力量,它憎恨世界上普通人的每一种自由和正义,并为之奋斗到死。

每当这样的政府体系建立起来,这些秘密的邪恶统治者就会进来,通过采取极端的暴力和残忍的手段推翻这些仁慈的政府。俄罗斯就是一个例子,沙皇亚历山大二世曾同意制定一部新宪法。

他的大臣斯托雷平启动了向农民发放土地和将银行国有化的机制;沙皇尼古拉通过威胁"射杀第一个开枪的人"来禁止战争,沙皇们被称为世界上最有文化、最博学和最优雅的人。斯托雷平被布尔什维克革命者残忍地杀害,以阻止沙皇所承诺的自由和改革付诸实施。

1789年8月4日，83名身份不明的人冲进了巴黎市政厅，高呼"我们是 300 人"（从而无意中暴露了他们的控制者的隐藏之手）。

在法国，市政厅通常是民政管理的中心。罗伯斯庇尔和丹东并没有立即加入随后的嗜血行动。*巴黎晨报*》的编辑斯特凡-洛桑（Stéphane Lausanne）在1923年1月6日的一篇文章中说。

> 我们法国人认为我们对我们星球的力量了如指掌。但我们对那些群众连名字都拼不出来的人一无所知。这些人，比凯撒甚至拿破仑都要强大，统治着全球的命运。这些人指挥国家元首，控制和制服管理，操纵交易所，发动或镇压革命。

他不知道的是，罗斯柴尔德家族创造并控制了拿破仑作为他们的工具，而且一旦这位科西嘉岛的天才意识到这一事实并进入反叛状态，他们就把他赶走了，其第一个表现就是与他的妻子、克里奥尔人约瑟芬离婚。菲利普-弗朗西斯在《*纽约美国人报*》上以"美洲杯的毒药"为题写道。

> 在理论上，我们自己管理自己；在现实中，我们被国际银行家联合会美国分会的寡头统治，即掠夺者联盟的统治。英国政府是一个伪装，这个世界上的金钱大王们至今都隐藏着他们对广大人民群众的经济战争。

没有直接证据表明罗斯柴尔德家族参与了法国大革命的爆发，但有充分的证据表明米拉波是 Les Amis Réunis 社团的成员，他的伙伴塔列朗也是如此。米拉波和塔列朗发现了拿破仑，他之前是一名默默无闻的法国军官。据信，法国大革命的许多细节是在位于威廉姆斯巴德的黑森州州长的宫殿里讨论的，众所周知，主要的共济会员经常在那里聚会，这就与梅耶-阿姆谢尔建立了联系，他领导着"致命的、不为共济会员所知的秘密会议"，"法国"大革命就是在那里策划的。

约翰-科勒曼 (JOHN COLEMAN)

还有就是通过威廉姆斯巴德与光明会的创始人亚当-韦肖普特的联系。前面提到的《罗斯柴尔德货币信托》一书，在第17页说：

> 人们还接受，正如他们所声称的那样，光照会在促成1789年的血腥岁月中发挥了重要作用，他们筹备并据说由犹太人提供资金，而伟大的罗斯柴尔德家族刚刚达到金融高度。有证据表明，这场反对皇室的起义是由"罗斯柴尔德大家族"资助的，法国大革命是由犹太人挑起的。这是使犹太人在法国摆脱政治和民事障碍的最后行动。

對於歷史來說，不幸的是，*羅斯柴爾德金錢信託*沒有提供具體的資料來支持法國大革命是由羅斯柴爾德家族資助的說法。

1782年，阿姆谢尔在"获得"黑森-卡塞尔伯爵的巨额财富后，向当时过着乞丐生活的魏斯豪普特提出要求。韦索普特是一个家境贫寒的人，他努力寻找钱来支付为他嫂子进行的非法堕胎。在与阿姆谢尔会面后，魏索普特带着数百万法郎来到巴黎，任由他支配。他"进口"了至少3万名最恶劣的罪犯，并将他们安置在巴黎的巢穴中。他在德国也做同样的事情。当所有的准备工作完成后，1789年的舞台上，所有的地狱在巴黎爆发。根据作者普吉特-圣安德烈（Pouget Saint-André）的说法，丹东是犹太人，罗伯斯庇尔也是，他的真名是鲁本。*Les Auteurs de la Révolution Française*》的作者 Pouget St André 提出了一个至今仍未被回答的问题。

> "为什么《公约》流了这么多血？据说，流血事件是由人民对特权阶级的仇恨造成的。如何解释被处决的贵族比例很低，只占所有罪犯的5%呢？为什么，在路易十六已经免费提供给他们的情况下，还要以40亿法郎和5万颗头颅的高昂价格购买这些改革？"

欧内斯特-勒南在其作品《*法国的君主立宪*》中写道谋杀路易十六国王是一种最可怕的物质主义行为，是最可耻的忘恩负义和卑鄙的职业，是最普通的小人行为和对过去的遗忘。除了那些将国王置于死地的人的嗜血欲望外，没有什么能证明这样的牺牲是合理的。

约翰-科勒曼 (JOHN COLEMAN)

第七章

恐怖的见证
的法国革命

随后，所有为秘密社团及其党羽夺取法国的人都被处死，有些人被可怕而残酷地处死，包括丹东和罗伯斯庇尔，可以想象，这是为了让他们保持沉默，以免他们有一天会受到诱惑，说出谁是革命的幕后黑手。

谋杀，当时和现在一样，是用来对付那些试图阻挠 "300 人"意志的人的最常用武器。

阿克顿勋爵在他关于法国大革命的文章中提出了这样的意见。

> 令人震惊的不是哗众取宠，而是其设计。透过所有的火和烟，我们看到了一个精明的组织的证据。领导人仍然小心翼翼地隐藏着，蒙着面，但他们的存在从一开始就是明确无误的。

我们将回到 1904 年的日俄冲突，回到那些建立它、资助它的人和他们的理由，但现在，我们将顺便引用《*纽约晚报*》编辑在 1924 年 12 月 9 日所说的话。

> 在宣传迷雾的背后，有一双看不见的险恶之手试图破坏俄罗斯和日本之间 的和平关系。日本并不希望发生战争。美国当然不希望发生战争。那么，为什么永远都在叫嚣着日本是一个需要警惕、不信任、武装并最终与之斗争的敌人？

在过去三个世纪的所有历史人物中，没有人比拿破仑更出名。然而，关于他如何从默默无闻到声名鹊起，却很少有人提及。

像大多数被罗斯柴尔德家族"收养"的人一样，拿破仑在塔列朗把他介绍给罗斯柴尔德家族时非常贫穷。他没有钱支付洗衣费，只有一件衬衫。他的制服是由约瑟芬-德-博阿尔奈（Josephine de Beauharnais）提供的，在保罗-德-巴拉斯（Paul de Barras）伯爵成为他的情妇后拒绝了她，他后来与她结婚。

1786 年，拿破仑还是个少尉，一个身无分文的可怜的下级军官，挨家挨户寻找工作来补充他的薪水。当时，欧洲人民已经对"自由、平等、博爱"的理论三段论感到厌倦。阿姆谢尔对魏索普特在与天主教会的斗争中没有取得什么进展感到失望，他正在寻找"新的人才"。阿姆谢尔被这位科西嘉人的热情所打动，给他提供了体面生活的手段。H. Fischer 在大英博物馆查阅的一篇文章中写道。

> "1790 年，拿破仑通过在当时被认为是不择手段的手段，成功地使自己被选为整个营的副营长"。

他是如何到达那里的？查尔斯-麦克法兰（Charles MacFarlane）在他的《拿破仑的生活》一书中（这本书曾经在大英博物馆，我在那里查阅过），对这种"惊人的权力崛起"作了一些说明。

奥古斯丁-罗伯斯庇尔，这位可怕的独裁者的弟弟，曾在1798 年攻占土伦时遇到 Bonaparte。一个不可否认的事实是，他与奥古斯丁建立了一种亲密的关系，看起来就像一种温暖的友谊，而奥古斯丁后来也和他的哥哥一样冷酷无情。

根据沃尔夫-托内的自传（巴里 1893 年），罗伯斯庇尔是一个照明主义者。

拿破仑是个基督徒，但他很快就感觉到阿姆谢尔胸中燃烧着对基督教的仇恨，于是他采用了模拟的方式来满足他的新资金供应者。他转而反对天主教会。教皇的羞辱对阿姆谢尔来说是一个非常愉快的前景，钱开始越来越多地流进拿破仑的口袋。

这就是他的 "惊人的权力崛起"，他的 "惊人的成功 "是如何解释的!正如他们在现代的说法，拿破仑的作家和传记作者根本没有跟踪金钱的轨迹。

韦索普特未能摧毁天主教会，而这正是阿姆谢尔为他 "建立"的目的，这让他很气愤，但当拿破仑被提请注意时，整个工作就交给了他。实现这一目标的方式是在塔列朗经常出入的巴黎共济会会所和阿姆谢尔在法兰克福的会所中计划的。

是塔列朗对拿破仑说的。

> 战争是摧毁教会的唯一途径。

威尔斯（H.G. Wells）认识到了这一点，他将这位科西嘉天才描述为 "坚韧、能干、有能力、主动（革命）的破坏者"，但他没有提到他的支持者，如果没有他们的大量资金，这些特征对他来说没有什么用处。

像克伦斯基、托洛茨基、迪斯雷利、劳埃德-乔治和俾斯麦一样，阿姆谢尔在拿破仑无足轻重的时候把他带走，并使他成为欧洲最重要的人。

虽然 H.G.威尔斯抱怨说他没有追求革命，但这不是重点。当阿姆谢尔以绝大多数票数任命拿破仑为终身第一执政时，拉开欧洲帷幕的舞台已经搭好。

只要他执行阿姆谢尔的任务，摧毁基督教君主国和天主教会，拿破仑就过着迷人的生活，从一个成功到另一个成功。*拿破仑有多伟大》*是西德尼-达克写的一本很好的书，我在大英博物馆找到了这本书，他在书中写道。

> 拿破仑出生时没有任何财富或高尚血统的优势，在 35 岁之前就成为世界的主人，并在 46 岁时结束了他无与伦比的浪漫不可能的职业生涯。

这就是完全忘记了拿破仑、阿姆谢尔和他的数百万人以及巴黎和法兰克福的共济会内部的策划者背后的力量。1796 年 3 月 9 日，拿破仑与约瑟芬-德-博阿尔奈结婚，她是一个性欲旺盛的克里奥尔人，已经为她的制服支付了费用。

这场婚姻是罗斯柴尔德家族通过保罗-德-巴拉斯伯爵安排的，后者还任命拿破仑为意大利军队的总司令。

约瑟芬是巴拉斯的情妇，但由于厌倦了她，他想结束他们的关系。为了防止她发誓向他复仇，巴拉斯伯爵安排她嫁给拿破仑，这几乎是所有关于拿破仑生活和时代的作家偶尔给出的"浪漫"说法。

约瑟芬帮助德-巴拉斯处理她丈夫给她的机密信息，这些信息当然直接交给了罗斯柴尔德家族。拿破仑在1804年的加冕仪式被阿姆谢尔漠然对待，但当教皇被邀请时，他感到震惊。当拿破仑，与约瑟芬离婚并在1810年与玛丽-路易丝大公夫人结婚时，罗斯柴尔德家族感到沮丧和愤怒。罗斯柴尔德家族认识到，摧毁王国和粉碎天主教会的机会将越来越少。

到1810年，拿破仑的命运已经注定，詹姆斯-罗斯柴尔德开始着手毁掉他们曾经的英雄。

拿破仑逐渐幻灭的全部故事，他觉醒后发现自己不是在为法国而战，而是在为外国势力而战，以加强对国家的控制，这是革命的必然结果，光照派和共济会在他不可思议的崛起中的作用，使他越发愤怒。

他的认识是缓慢而痛苦的，但一旦他的思想被打开，拿破仑开始反抗他的控制者。布西（G. Bussey）在他的《拿破仑历史》中指出，拿破仑变了，失去了对战争的凶残欲望，并宣布。

"感谢上帝，我与世界和平共处。"

罗斯柴尔德家族不再需要他们的旧工具了。他们资助并建立了一个名为"反拿破仑联盟"的阵线。拿破仑开始忽视的导师们现在转而反对他。卡尔-罗斯柴尔德很快就毒害了教皇和拿破仑之间的关系，在拿破仑不知情的情况下，他命令拉戴将军逮捕教皇。教皇的反应是将皇帝逐出教会。

约翰-科勒曼 (JOHN COLEMAN)

拿破仑曾试图赢得教皇的青睐。当一个又一个的事件对他不利时，他感到脚下的土地在变。光明会特工斯塔普斯的刺杀企图被拉普将军的警惕性所挫败。

俄国人的战役受到供应问题和粮食缺乏的困扰。拿破仑没有意识到这是对其军队的蓄意破坏。他被迫下令从莫斯科撤退，在此期间，数千名因伤病而死亡的士兵被赶到他们后方的罗斯柴尔德的特工无情地射杀。

基督徒生命的损失是可怕的。教皇征服的失败令拿破仑严重关切，他的信心正在减弱。他指出，。

> 教皇可以被征服，作为约束帝国各联邦部分的进一步手段。我应该有我的宗教会议，也有我的立法会议。我的议会将构成基督教世界的代表，而圣彼得的继承人将是他们的主席。

太晚了，因为卡尔-罗斯柴尔德已经确保这样一个计划不会成功。没有历史学家能说清拿破仑为什么在1812年进攻俄国。各种理论层出不穷，但没有一个是合理的。亚历山大一世 er，就这个问题说。

> "拿破仑以最可恶的方式向我开战，以最卑鄙的方式欺骗我。

拿破仑则委托 Gourgaud 将军:

> 我并不想与俄罗斯开战。巴萨诺和尚巴尼[外交部长]劝说我说，俄国的照会是宣战。我真的以为俄罗斯想要战争。在俄罗斯开展运动的真正动机是什么？我不知道，也许皇帝本人知道的并不比我多。

罗斯柴尔德家族在滑铁卢之战中毁了拿破仑。他被苏尔特元帅出卖了，苏尔特元帅是他的朋友，但他受雇于罗斯柴尔德家族。拿破仑任命苏尔特为达尔马提亚公爵，薪水达几百万法郎，并任命他为后勤部队的元帅。在滑铁卢，苏尔特没能拿下并守住热纳佩，这是一个支撑拿破仑军队侧翼的重要村庄。

更糟糕的是，本应带来援军的格罗奇元帅到达时已经晚了

24 小时，尽管他已经听到了炮声，知道战斗已经开始。对于苏尔特，拿破仑痛苦地抱怨道。

> 苏尔特，我在滑铁卢的副手，并没有给我提供他所能提供的帮助……尽管我下了命令，但他的参谋部却没有组织起来。苏尔特非常容易气馁……苏尔特毫无价值。为什么在战斗中，他没有在根纳普维持秩序？

更糟糕的是，在战斗的早晨，科西嘉人的私人幕僚中的一个敌人在他的早餐中放了一种物质，使他头痛欲裂。这就是罗斯柴尔德家族的力量和对历史的篡改；如果不是针对他的背叛和叛国行为，拿破仑会轻松地击败布吕歇尔和威灵顿。苏尔特为他的主人服务得很好；他们给了他一些法国的最高职位。他是俾斯麦的父亲，这一点经常被提出，但从未被证实。俾斯麦的母亲一度是苏尔特的情妇，俾斯麦本人也证实了这一点。

> 不是我的天赋或能力让我变得伟大，而是我的母亲是苏尔特[300人之一]的女主人，他们都帮助了我。

俾斯麦是由罗斯柴尔德家族通过门肯家族"制造"的。他的父亲威廉嫁给了路易丝-门肯，切列普-斯皮里多维奇伯爵说她是犹太人。在滑铁卢背叛拿破仑的苏尔特元帅是 300 人委员会的成员，该委员会在他死前一直担任法国的最高职务。

苏尔特经常出现在威廉-俾斯麦的乡村住所，并被广泛认为是年轻的俾斯麦的父亲。正是对俾斯麦母亲的这种"控制"，使年轻的俾斯麦处于詹姆斯-罗斯柴尔德的控制之下。1833年，俾斯麦陷入困境，面临着失去财产的危险。通过迪斯雷利，詹姆斯-罗斯柴尔德结识了年轻的俾斯麦，并试图让他成为欧洲未来的"保守派"领导人。帝国议会议员奥斯卡-阿尼姆与俾斯麦的妹妹马利安结婚。

婚后，俾斯麦完全由莱昂内尔-罗斯柴尔德指导。俾斯麦意识到了这一点，这一点在瓦尔特-拉特瑙（Walter Rathenau）1871 年的一份声明中有所体现。

约翰-科勒曼 (JOHN COLEMAN)

对于那些坚持把俾斯麦当作一个伟大的政治天才，一个命运的人，像拿破仑一样被打上悲剧性宿命的印记的人，俾斯麦重申，他不相信有伟大的天命之人；根据他的信念，政治名人的声誉，如果不是由于机会，至少是由于他们自己无法预见的情况。

第八章

俾斯麦揭示了"主导欧洲的金融高地"

俾斯麦当然知道，美国内战是由他所谓的"欧洲金融大国"煽动起来的。康拉德-西姆（Conrad Siem）在1921年3月发表在《La Vieille France》（第216期）上的非凡描述证实了这一点。

据西姆说，俾斯麦在1876年与他谈到了内战。

> 将美国分成两个联邦是在内战前很久就由欧洲的大金融强国决定的。这些银行家担心，如果美国仍然是一个街区和一个国家，它将实现经济和金融独立，这将破坏他们对世界的统治。罗斯柴尔德家族的声音占主导地位。

> 他们看到了巨大的战利品，如果他们用两个听命于他们的软弱的民主国家取代充满活力、自信和自主的共和国。

> 林肯从未怀疑过这些地下阴谋。他是一个反奴隶制的人，并以此身份当选。但他的性格使他无法成为一党之人。当他把业务掌握在手中时，他意识到那些阴险的金融家，欧洲的罗斯柴尔德家族，想让他成为他们设计的执行者。他们使南北之间的决裂迫在眉睫！欧洲的金融大师们将这种断裂确定下来，以便充分地利用它。

> 林肯的个性让他们感到惊讶。他们认为他们可以轻易地骗过伐木工人候选人。他的候选资格并没有让他们担心。但林肯看穿了他们的阴谋，并很快意识到，南方不是最大的敌人，而是金融家们。他没有吐露他的疑虑；他观察着隐藏之手的动向。他不希望公开揭露可能迷惑无知大众的东西。

他决定通过建立一个贷款系统来消除国际银行家，允许各州直接向人民借款而不需要中介。

他没有学过金融，但他稳健的常识告诉他，所有财富的来源都在于国家的工作和经济。他反对国际金融家发行纸币。他从国会获得了通过出售各州的债券向人民借款的权利。

当地的银行非常乐意帮助这样一个系统，政府和人民也逃脱了外国金融家的阴谋。他们一下子就明白，美国将逃脱他们的控制。林肯的死亡已经解决了。没有什么比找到一个决心罢工的狂热分子更容易了。林肯的死对基督教来说是一场灾难。

在美国没有足够大的人可以穿他的靴子。国际金融家们又开始了对世界财富的追逐。我担心，凭借他们的银行、他们的狡猾和他们的狡猾的伎俩--他们已经完全控制了美国旺盛的财富，并利用它来系统地腐蚀现代文明。我担心他们会毫不犹豫地让整个基督教世界陷入战争和混乱，这样地球就会成为他们的继承地。

(我想重申，这本书的准备工作涉及到在大英博物馆对这一特定主题进行十个月的深入研究。所引用的书籍，如《与拿破仑在圣赫勒拿岛的谈话》和《下一次战争中的宣传》以及约翰-里夫斯的作品--还有提到的许多其他书籍--可能已经不再有了。）

俄罗斯在罗斯柴尔德家族中引起了特别的仇恨，他们将自己与罗曼诺夫家族对立起来。德国著名历史学家铁森豪斯的女儿写道，她和她父亲一样对沙皇不信任。

......但在见到他之后，和其他许多人一样，她被亚历山大的坦率、精力和高尚的品格所打动。这种印象变成了一种忠诚而执着的友谊（亚历山大皇帝--舒瓦瑟尔-古夫夫人）。

据切列普-斯皮里多维奇伯爵说，内森-罗斯柴尔德试图在俄国煽动一场革命，但没有成功，而莱昂内尔向迪斯雷利坦承，德国正在准备革命。

"詹姆斯-罗斯柴尔德三世的高级特工被动员起来反对沙皇尼古拉一世，在克里米亚挑起战争，但他们未能获胜，所

以他们在 1855 年毒杀了尼古拉一世。"（大英博物馆文件，《隐藏的手》，第 119 页）

在这些重大事件中，迪斯雷利作为"忏悔者"或罗斯柴尔德家族的顾问发挥了很大作用。罗斯柴尔德家族是如何控制玛丽-路易丝的，伊迪丝-E-卡特尔夫人在她的书《*帝国的受害者*》中讲述了这一点：1827 年 12 月，拿破仑一世的遗孀玛丽-路易丝^{er}，从罗斯柴尔德家族获得了 1000 万法郎的贷款。

1829 年 2 月 22 日，她失去了她的丈夫内佩尔格伯爵，这对所有历史学家来说仍然是个谜。

梅特涅亲王曾是维也纳萨洛蒙-罗斯柴尔德的一个普通"职员"，他告诉罗斯柴尔德的另一个门徒邦贝尔斯，他想要一个能够引导玛丽-路易丝的软弱性格的人。邦贝尔斯成为玛丽-路易丝的心腹，后来与她结婚。

罗斯柴尔德家族现在通过 Bombelles 完全控制了拿破仑的遗孀，Bombelles 在她还是尼珀格伯爵夫人时就赢得了她的芳心。

据作家埃德蒙-罗斯坦（Edmond Rostand）说，邦贝尔斯非常英俊。E.E. Cuthwell 夫人对 Bombelles 的描述如下

> 他有更大的野心。他用柔和的声音在妇女的耳边低语。邦贝尔斯想娶一位有钱的卡瓦诺小姐。他实现了他的目标。他的妻子去世了，把她的心脏放在一个铅盒里留给他。他把它埋了起来。一年后，他对另一位富有的女继承人产生了绝望的激情，但后者拒绝了他。（《*帝国的受害者*》，第 321 页）

玛丽去世后，路易丝-邦贝尔斯被任命为奥地利皇帝的主管。

> 关于她死于中毒的传言在帕尔马流传，并继续流传（第 373 页）。

切列普-斯皮里多维奇伯爵讲述了后来的情况。

> 在萨洛蒙和他的书记员梅特涅的支持下，邦贝尔斯被任命

为未来奥地利皇帝弗朗茨-约瑟夫的 "教育家"。Bombelles 是对奥地利最可怕的不忠、卑鄙和残忍负责的人，从 1848 年起，当年仅 18 岁的弗朗茨-约瑟夫成为法律上的皇帝时，Bombelles 是接受和执行罗斯柴尔德命令的 "王位背后的力量"，这开始让世界惊讶。他们的第一个行动是向尼古拉一世出卖了自己的诺言，er，后者提出了一个 "必要条件"，即匈牙利将军 Sheezeny 和他的部队应得到宽恕。俄国军队一离开奥地利，弗朗茨-约瑟夫就掐死了他们。(《隐藏的手》，第 123 页)

罗斯柴尔德家族不仅是放债人，也是投机者。他们最大的兴趣领域是建造欧洲和俄罗斯的铁路，他们抓住并保留了这些铁路。在大英博物馆文件中关于这一努力的描述中，詹姆斯-罗斯柴尔德迫使法国同意为其北方铁路提供资金。

政府主动花费 1 亿法郎来建造这个平台。詹姆斯同意通过提供马车等方式花费 6000 万。

40 年来，他每年收到1700 万的收入，即 6.2 亿的利息加上 6000 万的本金。在这个企业，罗斯柴尔德家族使用了他们储户的 6000 万资金，为此他们支付了 4%的利息，即每年 240 万，从而每年获得1460 万法郎的签名。D*ébats 日报*》为了欺骗国民，在 1843 年 7 月声称罗斯柴尔德被毁了。在巴拿马丑闻发生的五十年前，法国新闻界就已经在扮演挑衅者的角色。罗斯柴尔德家族不惜一切代价觊觎铁路的丰富猎物。有一段时间，法国政府经历了一个诚实的时期，有胆量遏制他们的掠夺行为。

1838 年，北方铁路公司的马丁先生向议会提议由国家建造一个铁路网。如果马丁先生基于银行和运输垄断这两大支柱的计划得到议会的批准，金融封建主义就会从一开始就被扼杀。但罗斯柴尔德家族通过他们控制的新闻界，找到了收购铁路的方法。1840 年，西线和南线被让给了罗斯柴尔德家族和福尔德家族。

(福尔德家族是被战略性地安排在法国的国际银行家，执行罗斯柴尔德家族的命令）。到 1845 年，所有的主要线路都由这两家公司拥有。关于罗斯柴尔德家族最精辟的记者之一是约翰-里夫斯，他写了 《罗斯柴尔德家族-*国家的金融统*

治者》一书。以下来自该书的评论表明,里夫斯在刺破围绕罗斯柴尔德家族的神秘帷幕方面是多么精辟,他对内森-罗斯柴尔德的观察也许是首屈一指的。

> 他留下的财富数额一直是个秘密。该企业将由四个儿子,与他们在国外的叔父合作经营。他给每个女儿都留下了50万美元,如果她们未经母亲和兄弟同意结婚,这些钱将被没收。

> 没有给他的雇员或慈善遗赠。……内森第一次帮助英国政府是在1819年,当时他借了6000万美元的贷款。从1818年到1832年,内森共发放了8笔贷款,金额为105,400,000美元。

> 对于西班牙,或者曾经承认过西班牙国旗的南美国家,它绝不会有任何关系。一些历史学家的解释是,这是因为西班牙宗教裁判所的原因。他成功的原因之一是他用曲折的政策欺骗那些观察他的人。

> 1831年,内森-迈尔控制了奥地利伊德里亚的汞矿,同时也控制了西班牙阿尔马德纳的类似矿区。因此,所有的水银,作为药物不可缺少的水银,都在他的手中,他的价格翻了两三倍。这对所有国家的病人和苦难都产生了可怕的后果……。

另一位关于罗斯柴尔德家族的准确记者是马丁先生,他的《银行和银行家的故事》一书给出了一些有趣的事实。内森从来没有向他的雇员支付超过他们生活所需的一分钱,或者至少没有比他们强迫他支付的多一分钱。

在写到莱昂内尔-罗斯柴尔德时,里夫斯在他的书中第205-207页做了如下评论。

> 莱昂内尔把注意力完全集中在巩固他巨大的财富上。他的工作非常谨慎。莱昂内尔在外国贷款的谈判中特别活跃,因为这种有利可图且相对无风险的活动是他比其他所有活动更喜欢的。在他的一生中,他的公司对不少于18个政府债券的发行感兴趣,总额达7亿美元。深入了解这些交易的细节,就像是在追溯欧洲的金融历史。

约翰-科勒曼 (JOHN COLEMAN)

为了了解罗斯柴尔德家族是如何繁荣的,特别是在他们特殊的专业领域,即向欧洲和世界各地的政府放贷,我研究了约翰-里夫斯的工作,我们经常引用他的书,在本书的其余部分我们将继续参考他的书,以及大英博物馆文件中的资料。

第九章

美国黑人奴隶制的一个被忽视的方面

在我谈到罗斯柴尔德家族在美国成功放贷的方面之前，我将谈谈近年来出现的奴隶制问题。有人说，黑人的后代应该为他们的祖先所遭受的苦难得到补偿。

鉴于罗斯柴尔德家族利用奴隶制作为煽动美国内战的借口，这是一个重要问题。这个想法据说来自本杰明-迪斯雷利、莱昂内尔和詹姆斯，他们在莱昂内尔女儿的婚礼后坐下来吃饭，所有罗斯柴尔德家族的人都聚集在伦敦。据切列普-斯皮里多维奇伯爵说。

　　…罗斯柴尔德家族计划并故意挑起美国内战。

尽管自 1812 年以来，南方和北方之间就存在冲突，但如果没有罗斯柴尔德家族的隐秘之手，这场战争可能永远不会发生。

通过操纵和煽动激情，冲突成为战争的理由，尽管南方开始意识到奴隶制在经济上没有优势。

奴隶制在美国本不应该被允许，但不幸的是它被允许了。有不同类型的奴隶制。在欧洲，穷人生活在赤贫的束缚中，条件退化。在英格兰和爱尔兰，情况也差不多，　。穷人生活在可怕的条件下。他们的儿子被征召入伍，数百万人丧生。

英国的将军们，特别是道格拉斯-海格勋爵（Lord Douglas Haig），因为对他们遭受的重大损失毫不关心而臭名昭著。在爱尔兰，数百万人被饿死。虽然奴隶制本应受到普遍谴责,但在美国还是得到了容忍,但相对而言,欧洲、爱尔兰和英国的贫困阶层遭受的痛苦不亚于美国的奴隶。

偶尔有人会问,美国的奴隶是否愿意与爱尔兰和英国的奴隶一样改变他们的状况。但贵格会和"废奴主义者"的隐秘之手继续敲打着诽谤南方的鼓,直到那些为了炸毁奴隶制而编造整个问题的魔鬼们得逞。

美国的黑奴一般不会遭受如此骇人的条件。因此,当我们审视废奴主义者和贵格会成员撰写、宣扬和阐述的关于美国奴隶制的有时夸张的描述时,如果我们是公正的,我们必须承认,相对而言,美国黑人奴隶的待遇比欧洲和英国的穷人好很多。

> 在十九世纪初[e],英国由于政府的错误原则,商业和工业的无知和盲目的文化,出现了一个被推到最相反和矛盾的极端的国家。

> 英国拥有欧洲最自由的宪法,却隐藏着最大的暴政;她拥有无限的财富,却让爱尔兰的贫困农民挨饿,而工人阶级的匮乏和痛苦是如此之大,难以形容,以至于有可能以暴乱和叛乱结束。

> 贫穷阶层所承受的苦难因我们的政治制度的可耻状况而变得更加严重。道德水平低下,腐败和阴谋是当时的主流。所有人的思想都转向了对他人痛苦的完全遗忘。

> 腐败是如此普遍,以至于王室和选区的独立性受到了威胁。(William Molesworth 爵士)

> 1797 年,英国银行发现自己陷入了深深的困境,主要是因为政府的要求,政府每年为战争和通过补贴支持一半的大陆国家而借贷数百万。(John Reeves, *The Rothschilds*, page 162)

似乎连罗斯柴尔德家族都无法相信他们的好运。迪斯雷利在其小说《康宁斯比》中创造的"西多尼亚"这个人物,实际上是以内森-罗斯柴尔德为原型的,他说。

> 还有什么比一个国家指望一个人维持其信用,并以其信用

维持其作为一个帝国的存在更荒谬的呢？

这句话非常准确地描述了罗斯柴尔德银行家和他们通过大量贷款对英国政府的控制。

难怪加菲尔德总统曾说。谁控制了钱，谁就控制了这个国家。罗斯柴尔德家族的后代继承了这一传统。例如，莱昂内尔-罗斯柴尔德资助了英国政府的苏伊士运河项目。更有可能的是，如果没有莱昂内尔的财政支持，苏伊士运河可能不会被开挖。

是莱昂内尔-罗斯柴尔德支付了英国政府为从赫迪夫那里购买的土地而支付的 2000 万美元。但就像他们所有的投资一样，莱昂内尔要求并得到了高额回报，50 万英镑的代言费只花了他几个小时的时间。

更早的时候，迈尔-阿姆谢尔觉得将他的儿子内森送到英国对罗斯柴尔德家族有利，他在那里定居在曼彻斯特。根据托马斯-巴克斯顿爵士的说法，阿姆谢尔选择把内森送到曼彻斯特居住的原因在本书中已经有部分解释。

许多英国制造商在 1789 年派人到法兰克福提供他们的商品。罗斯柴尔德家族的伎俩是长期留住他，然后把德国的最大订单交给他。

与此同时，内森被派往曼彻斯特，在那里他购买了所有可用的棉花和染料。当代表带着订单回到曼彻斯特时，制造商不得不去找内森购买这些材料，他向他们收取三倍的价格，甚至拒绝出售货物，迫使他们向他父亲支付巨额'赔偿金'。然后，他将把棉花和染料拿给那些以最低价格为他制作的制造商。这个基本技巧毁了曼彻斯特的许多人。

这种掠夺行为激怒了整个曼彻斯特。内森很害怕，逃到了伦敦，那里的伦敦证券交易所为他的剥削技能提供了更广阔的领域。在后来的日子里，没有一个交易所的成员可以像内森那样夸耀，在五年的时间里，他的资本增加了 2500 倍。(约翰-里夫斯，《罗斯柴尔德家族》，第 167 页)

大英博物馆提到的文件中给出了纳森突然去伦敦的另一个原因。

原因还在于黑森-卡塞尔的威廉九世（1785-1821）被阿姆谢尔说服，将他在伦敦的事务从范诺顿的银行转移到内森的手中。当然，"意外地"有一整帮来自法兰克福的光照派人士陪同内森来到伦敦，试图做同样的事情，但英国人太聪明了，没有被骗。

当法国入侵德国时，威廉九世[现在的选帝侯]给了阿姆谢尔 300 万美元，他把这些钱寄给了伦敦的内森，以防止它落入拿破仑的手中。当时，印度公司有 400 万美元的黄金。内森买下了它并提高了价格。他在伦敦垄断了黄金。这种安排一直持续到今天，甚至在今天，N.M.罗斯柴尔德每天早上都会设定黄金价格，而罗斯柴尔德的"定盘价"被接受为全球黄金的"官方"价格。²

他[内森]知道，威灵顿公爵需要它。内森还以大折扣购买了公爵的笔记。政府要求内森把他的黄金借给他们，他把黄金转移到葡萄牙。内森借给他的金子，金子被还给了他，但他要求公爵的钞票按全额价值归还。这为他赢得了 50%的收益。然后，他又以 15%的价格借出了他的黄金，并收到了黄金，并以巨额佣金将其运往葡萄牙。

公爵需要这些黄金来支付其军队的装备商，这些装备商都是葡萄牙、西班牙和荷兰的犹太人。因此，威灵顿没有收到一磅黄金，只是向内森在葡萄牙的代理人发出了命令，而这些代理人是由法兰克福的罗斯柴尔德支付的。这一操作对内森来说，收益率为 100%。因此，罗斯柴尔德家族从侯爵的钱财中获得了巨大的利润，而将其全部据为己有（Maria O'Grady 和 John Reeves）。

正如我之前所说，迈尔-阿姆谢尔的后裔成为世界上最有权势的人。也许比其他任何例子更标志着这一观察的真实性，

---

²罗斯柴尔德家族自 2004 年起退出了每日定盘价。

那就是詹姆斯-罗斯柴尔德如何击败俄罗斯的尼古拉一世 er。他转向俄国革命家赫尔岑。

> 著名作家亚历山大-赫岑是俄国革命运动的先驱（煽动者）之一，他被迫离开了该国。(事实上，他被迫在警察面前几个小时就逃离了俄罗斯)。他来到了伦敦，在那里创办了一份名为《钟声》的俄罗斯报纸。然而，赫岑是个富人，在流亡之前，他把自己的资产转换成了政府债券。俄国政府知道赫岑的债券数量，当流亡者抵达伦敦时，他们被要求付款时，尼古拉一世 er，希望能粉碎他的敌人，命令圣彼得堡的政府银行拒绝付款。
>
> 银行自然遵从。但幸运的是，赫岑在老罗斯柴尔德那里找到了一个重要的支持者。后者告诉沙皇，由于赫岑的债券和其他任何俄国债券一样好，他不得不无奈地得出结论，俄国政府已经破产。
>
> 如果不立即支付这些债券，他将在所有欧洲货币市场上宣布沙皇破产。尼古拉斯被打败了。他把自己的骄傲放在口袋里，支付了债券。赫岑本人在《钟声》中以 "罗斯柴尔德国王和尼古拉一世皇帝 er "为题讲述了这个故事。（《双周评论》，A.S. Rappaport 博士著，第 655 页）

这些故事表明，阿姆谢尔-罗斯柴尔德作为典当行赚钱的传说是如何在现实面前崩溃的，然而典当业是罗斯柴尔德财富来源的神话仍然存在。现在可以说，这种说法没有什么实质内容。

迪斯雷利用 "西多尼亚 "这个虚构的名字来称呼莱昂内尔，从而为他的主人的真实个性提供了许多线索。

> "不可能穿透它。他的坦率被严格限制在表面。他观察一切，虽然过于谨慎，但避免了严肃的讨论。他是一个没有感情的人"。

据约翰-里夫斯说。

> ......罗斯柴尔德兄弟充分意识到他卓越的智力，欣然承认内森-迈尔是指导他们所有重要交易的最合适人选。（《罗斯柴尔德家族》，第 64 页）

在我在伦敦的大英博物馆发现的许多有趣的事实中，最有趣的一个是后来成为世界上有史以来最伟大的宣传机器之一的创始人的故事。我说的是塔维斯托克人际关系研究所，它成为英国统治精英洗脑的主要智囊团。塔维斯托克研究所已经发展成为一个巨大的组织，现在它在美国和英国占主导地位。这个庞大的组织于 1914 年第一次世界大战爆发时在伦敦的惠灵顿大厦开始。

组织一个宣传机器，说服不情愿的英国人民将与德国的战争视为英国生活方式生存的必要条件，这不是一件容易的事，因为当时大多数人都不希望与德国开战，并强烈反对战争。诺斯克利夫勋爵和罗斯梅尔勋爵负责宣传事业。事实上，这两个人都与罗斯柴尔德家族有直接的婚姻关系。

内森-罗斯柴尔德二世的三个女儿之一是夏洛特，生于 1807 年，她嫁给了她的表妹安塞姆-萨洛蒙，萨洛蒙是法兰克福斯特恩家族的阿姆谢尔和卡罗琳-斯特恩的第二个孩子。斯特恩家族与英国的哈姆斯沃斯家族有直接关系，其中一人成为"诺斯克里夫勋爵"，另一人成为"罗斯梅尔勋爵"。

关于塔维斯托克研究所的更多细节，*请阅读：塔维斯托克人类关系研究所*。

雅各布（詹姆斯）-罗斯柴尔德无疑是法国最重要的人，他让许多法国的政治家和领导人有了立足之地。他已经从那个几乎没上过学的 13 岁男孩走了很长一段路，而是在他父亲迈尔-阿姆谢尔的多次旅行中陪伴他穿越德国。

在那里，他接触到了对犹太人穿越各公国边界的限制，每次都被迫支付 Liebzoll（一种人头税）。詹姆斯一直想离开法兰克福，跟随他的兄弟内森去伦敦，但阿姆谢尔却把他送到了巴黎。他于 1811 年 3 月离开法兰克福前往巴黎。他来到巴黎后，财政部长莫利安并没有注意到他，他向拿破仑报告了他。

> 一个来自法兰克福的人现在在巴黎，他自称是 Rotschild（原文如此），主要从事将基尼从英国海岸带到敦刻尔克。

弗朗索瓦-尼古拉-孔特-莫利安是拿破仑的主要顾问，从 1806 年到 1814 年担任财政部长。

詹姆斯的到来对拿破仑来说肯定是一个重大事件，他不可能知道詹姆斯-罗斯柴尔德在他的垮台中会扮演多么重要的角色。当然，罗斯柴尔德家族不仅从事走私活动，尽管这对他们来说是一项广泛和有利可图的业务。当英国人封锁法国时，迈尔-阿姆谢尔看到了一个难得的发财机会，而他也确实在黄金方面发了财。

> 二十二岁的詹姆斯是一个没有吸引力的年轻人，他的态度几乎是奴性的。他同时代的一些人就不那么和蔼可亲了。卡斯特兰，与米拉波和克莱门特-唐纳尔一起组成了巴黎的高级贵族，发现詹姆斯丑得吓人，尽管他是罗斯柴尔德家族的阿多尼斯。(*詹姆斯男爵*, Anka Muhlstein, 第 61 页)

另一些人的情况甚至更严重。

> 一张畸形的脸，最平坦、最扁平、最可怕的蝙蝠脸，眼睛充血，眼睑肿胀，流着口水的嘴像猪圈一样裂开，是一种金色的沙特人，这就是罗斯柴尔德。 (Goncourts, *Journal Paris 1854 Vol. Ill, 7*)

詹姆斯于 1814 年启程前往巴黎，当时他向商业法庭申请注册他的银行机构。

在此之前，他只是作为法兰克福 "总部 "的代表。这并没有改变他、伦敦和法兰克福之间的紧密联系，而是使之正式化，并使他在巴黎拥有更突出的地位。他现在从事法国财政部的收税工作和大规模的货币借贷工作。

当国王的命运发生变化时，直到复辟时期（拿破仑的 100 天），无论谁在掌舵，都欠詹姆斯-罗斯柴尔德的情。

他似乎能够改变立场而不失去一丝一毫的面子和影响力。

拿破仑在滑铁卢的灭亡是由他来自伦敦的兄弟内森策划的，结果是与路易国王建立了高度有利的关系，而路易国王重新掌权是由罗斯柴尔德家族借出必要的资本而实现的。拿破仑和他的政府被削弱是罗斯柴尔德家族的功劳，他们现在从复辟带来的赏金中受益。

拿破仑勉强掩饰的对犹太人的厌恶促成了他的垮台。在拿破仑拒绝攻击基督教国王和国家之后，罗斯柴尔德家族一直生活在对拿破仑的恐惧之中。随着和平的恢复，银行贷款成为最大和最好的赚钱机会，罗斯柴尔德家族充分地利用了它。

第十章

内森-罗斯柴尔德平衡法国债务

法国政府必须支付战争赔偿金,为此它不得不借钱。通过借给路易十八胜利但有尊严的回归所需的资金,内森-罗斯柴尔德为詹姆斯确保了一个 "阳光下的位置"。据说这笔钱是 500 万法郎。

忠实于老迈尔-阿姆谢尔的教诲,内森无事不登三宝殿。他的贷款游戏计划是迫使国王打开大门,使雅克能够进入以巴黎首相黎塞留公爵为首的社会上层。

起初黎塞留抵制,但他不知道内森的执着。法国驻伦敦大使奥斯曼侯爵和奥地利大使埃斯特哈齐伯爵对他施加了强大的压力,他们都欠了内森很多债。最后,尽管被这些不体面的压力弄得极为恼火,但黎塞留还是同意接待詹姆斯。事情并没有就此停止。

然后,詹姆斯把德卡兹警察局长的 "特殊信息 "装进了他的口袋,这些信息来自持有邮件合同的德国冯-图恩和泰克斯家族。他们只是打开罗斯柴尔德家族感兴趣的邮件,然后将内容转发给巴黎的詹姆斯、伦敦的内森或法兰克福的迈尔。值得注意的是,冯-特恩和塔克西家族 ,是 300 人委员会的一部分。把由此获得的信息交给德卡泽而不是交给本应交给的黎塞留,有双重好处。作为回报,德卡兹向詹姆斯通报任何针对其银行的反犹太运动或政治阴谋。

随着他的重要人物的圈子越来越大,雅克决定他需要一个更适合他的地位的房子,一个可以让他以预期的奢华风格进行娱乐的地方。他在拉菲特街（Rue La Fitte）的霍坦斯王后的一座旧宅中找到了这样一座房子，它曾属于一位名叫拉博德的巴黎银行家，他是 1794 年断头台的受害者。约瑟芬皇后的女儿霍滕斯在与拿破仑的弟弟路易结婚后成为荷兰女王。

詹姆斯花了一大笔钱对房子进行改造和翻修；据说账单上的金额超过了 300 万法郎。当它在 1834 年完成时，它成为了镇上的话题。

德国犹太共产主义哲学家海因里希-海涅（Heinrich Heine）、奥尔良公爵和科堡王子利奥波德（Leopold of Coburg）是詹姆斯闪亮的派对上的常客。

当梅特涅亲王和他的随行人员，包括得到这位伟人信任的杰出的普鲁士人弗里德里希-冯-根茨来到巴黎时，詹姆斯举办了一场堪称国王回国后在巴黎看到的任何宴会。即使是强大的威灵顿公爵在访问巴黎时也不敢拒绝詹姆斯的邀请。

詹姆斯赞助冯-根茨，利用他对女人的弱点，很多女人，通过我们今天所说的 "容易的条件 "向冯-根茨提供他所需要的钱。冯-根茨得到了他能处理的所有女人，以及许多其他他在那之前无法负担的奢侈品。这就是詹姆斯如何成为冯-根茨的"主人"。

> 詹姆斯的宫殿成为吸引各种政治家的磁铁，特别是思想开明的共产党人和社会主义者 。其中一个人，路德维希-博恩（Ludwig Borne），是所有欧洲国王都应该被废黜并由詹姆斯取代的想法的坚定支持者，除了路易-菲利普，他将在巴黎加冕，因此加冕仪式将不是由教皇主持，而是由詹姆斯-罗斯柴尔德主持。 (*Notre Dame de la Bourse*, 22 January 1832)

> 如前所述，詹姆斯-罗斯柴尔德赞助的个人之一是海因里希-海涅，这位德国诗人抛弃了他的祖国，搬到了巴黎，是为了靠近罗斯柴尔德，还是出于政治原因，尚不确定。海涅是一个公开的共产主义者，更有可能被列入德国警方的颠覆分子名单，这可能是他搬到巴黎的原因之一。罗斯柴尔

德在无数方面帮助了海涅，特别是在经济上。海涅认为詹姆斯是一位革命家，并称赞他是"最早意识到克雷米厄的价值的人之一"。冯-罗斯柴尔德先生是唯一发现埃米尔-佩雷尔的人，他是铁路界的教皇马克西姆（Olivia Maria O. Grady）。

这并不完全正确，正如我在研究导致詹姆斯投资新时尚的利润角度时发现的那样。佩雷拉是一个年轻的塞法尔犹太人，受雇于詹姆斯监督日常的建筑工作。在这一切中，詹姆斯和内森并没有偏离梅耶-阿姆谢尔教给他们的交易技巧，即永远不要忘记金钱就是一切的目标。

一份特殊的合同，也是詹姆斯和内森得到的众多合同之一，是作为官方代理向驻扎在阿尔萨斯科尔马的奥地利军队付款。罗斯柴尔德家族以低于所有竞争对手的价格赢得了合同， 。这项业务是有风险的，因为它涉及在土匪出没的地区运输硬币，这需要昂贵的保险。詹姆斯没有运输实物货币，而是安排将罗斯柴尔德的信贷放在当地银行，士兵用这些信贷支付。在消除了风险之后，詹姆斯和内森能够将大量的佣金收入囊中。

这成为新业务的基础，因为现在在整个欧洲大陆和伦敦的资金转移是以这种方式进行的，而罗斯柴尔德家族在这方面具有垄断地位。

为了让读者了解詹姆斯所挥舞的巨大力量，我讲述了以下案例，该案例成为他著名的事业之一，显示了他强有力的臂膀可以达到的程度。1840年4月，一位名叫托马斯神父的牧师和他的仆人在大马士革失踪了。人们怀疑是谋杀，而嫌疑人恰好是犹太人，他们被逮捕，之后他们承认了谋杀。

犹太世界立即强烈抗议说，被捕的犹太人是无辜的，他们的供词是通过酷刑获得的。詹姆斯和所罗门立即对君主施加了他们的联合压力，所罗门敦促奥地利的梅特涅亲王采取行动。

奥地利领事冯-劳林向穆罕默德-阿里提出抗议，直接向詹姆斯和所罗门报告所采取的措施。然而，法国驻大马士革领事在现场对谋杀案和被告的看法截然不同；政治含义很明显，路易-菲利普不敢冒犹太人无端支持基督徒的风险。雅各给所罗门的信具有相当的重要性。它清楚地揭示了，罗斯柴尔德家族用来向政府施压和塑造公众舆论的幕后方法。

不幸的是，我的努力还没有产生预期的结果。政府在这件事上的行动非常缓慢；尽管奥地利领事的行动值得称赞，因为这件事太过遥远，无法充分引起公众的兴趣。到目前为止，我所做的一切，正如今天的《消息报》所说，就是安排亚历山大的副领事调查大马士革领事的行为。

这只是一个临时措施，因为副领事是听命于领事的，所以他无权追究领事的责任。在这种情况下，剩下的唯一手段就是呼吁报纸帮助我们这一万能的方法，因此我们今天根据奥地利领事的报告向《辩论报》和其他报纸发送了一份详细的说明，我们还安排在奥格斯堡的《Algemene Zeifung》上同样详细地介绍这一说明。

如果不是考虑到只有事先得到冯-梅特涅亲王殿下的允许，我们肯定会发表冯-劳林先生就这个问题写给我的信。

因此，我亲爱的兄弟，虽然我相信你会愿意为这一正义事业尽心尽力，但我恳请你向亲王请求，以他的仁慈，允许发表这些信件。王子对这一悲惨事件所表达的亲切的人道情怀，使我们有信心希望这一请求不会被拒绝。

亲爱的所罗门，当你得到所需的许可时，我请求你不要只在《奥斯特里奇报》上立即发表这些信，还请你好心地将它们连同一封简短的附信立即寄给《奥格斯堡报》，以便它们也能通过这种方式接触到公众。(*不为人知的故事*，Cherep-Spiridovich 伯爵)

罗斯柴尔德家族控制下的一些重要政治家开始担心他们的权力和影响力。

其中之一是梅特涅亲王，他被所罗门-罗斯柴尔德牢牢控制，被他视为罗斯柴尔德家族的"男仆"而已。在交换了奥地利的大部分主权之后，梅特涅开始产生了严重的怀疑。

由于我不能认为是好的或道德的自然原因,罗斯柴尔德家族在法国事务中发挥的影响力远远超过任何国家的外交部,也许除了英国。巨大的驱动力是他们的钱。希望做慈善的人和必须在黄金的重量下压制所有批评的人需要大量的慈善。腐败的事实是公开处理的,这个实际的因素,在最充分的意义上,在现代代议制。

梅特涅意识到卖掉奥地利就等于落入了国际革命者的手中,这已经太晚了。当革命的火焰开始燃烧时,,尽管他的级别和地位很高,梅特涅亲王不得不用从所罗门-罗斯柴尔德那里借来的钱逃离维也纳。

历史学家怀疑梅特涅是否知道他在不知不觉中帮助释放了革命力量。根据大英博物馆的文件,世界革命在1848年进入高潮,当年1月在西西里岛开始。

> 欧洲的大城市似乎被兴奋的浪潮所震撼。混乱蔓延到那不勒斯。在巴黎,红旗在街垒上被展开。1848年2月22日,社会主义革命者带领工人和学生进行了血腥的反抗,吉佐辞职(Olivia Maria O'Grady)。

据说,詹姆斯-罗斯柴尔德高估了路易-菲利普国王,认为他同情革命思想。

根据哈佛大学柯立芝历史教授威廉-兰格的说法......共和党人和其他激进分子接受了路易-菲利普为革命君主,但发现他们的错误已经太晚了。

这令人惊讶,因为据说詹姆斯-罗斯柴尔德是一个非常精明的人物判断者,能够像阅读路线图一样阅读政治场景。我们不能确定,但苏尔特元帅是内森-罗斯柴尔德的密友,他与布罗格利公爵、梯也尔和吉佐组成了一个部,后两人在政治上属于特别保守的一方,因此可能存在着某种联系。

1830年,在马克思及其社会主义国际的启发下,意大利和波兰出现了工人的要求,这些要求没有得到政府的满足。1831年,法国的激进主义鼓动和暴力仍在继续。

> 1831年11月,里昂的一次大规模工人暴动被艰难地镇压

> 了。秘密社团迅速蔓延。在新闻自由下，国王在激进的报纸上受到了无情的攻击和讽刺，特别是被奥诺雷-道米埃（Honoré Daumier）所攻击。1834 年，巴黎和里昂发生了重大起义，被严厉镇压。1845 年，激进的菲斯基试图刺杀路易-菲利普，但未获成功。随后，在 1836 年，国王建立了一个由他的私人朋友路易-莫尔（Louis Mole）上校领导的政府，中右翼领导人是吉佐（Guizot）；但后者与中左翼政党结盟并推翻了莫尔。(《不为人知的历史》，约翰-里夫斯)

继续阅读《不为人知的历史》。

> 1848 年之前的革命活动将卡尔-马克思和弗雷德里克-恩格斯、路易-拿破仑-波拿巴等人流放到了欧洲大陆。英国一直是他们的避难所。1848 年，他们回到大陆参加了革命。1848 年 2 月 24 日，宪章、宪法和议会制度似乎戛然而止。

> 在整个巴黎，我没有看到一个民兵，一个士兵，一个宪兵，一个警察的成员。在此期间，纯粹的恐怖攫取了所有上层社会。我不相信在革命期间（1789-94 年）的任何时候，它都是如此之大。(维克多-雨果，《选择》，第 268 页)

詹姆斯呆了几天，被国民警卫队的成员之一费多看到。

> 接近中午时分，我看到两位先生手挽手，平静地从和平街出来，向杜伊勒里宫走去。我认出其中一位是罗思柴尔德男爵。我迅速走近他。"男爵先生，"我说，"看来你没有选择一个很好的日子来散步。我想你最好回家，而不是让自己暴露在四面八方呼啸而来的子弹中。"

> 但男爵向他保证，他是安全的，财政部需要他。路易斯-拿破仑先是成为法国总统，然后成为皇帝；马克思和恩格斯帮助建立了共产主义联盟，然后随着革命的失败，他们回到了英国，而包括约瑟夫-韦德迈尔在内的其他人则移民到了美国……(奥利维亚-玛丽亚-奥格雷迪）。

在色当战役和拿破仑三世被普鲁士人俘虏后（1870 年 9 月），巴黎认为自己是法兰西民族的心脏、大脑和其他器官，而法国其他地区则是落后的、原始的，几乎可以说是野蛮的附属品，因此经历了一系列革命（以法国的名义），最终导致了 1871 年的巴黎公社，这只能使国家在敌人面前一蹶不振，并受到其蔑视。引自朗格教授。

1840 年至 1847 年间，吉佐成为主导人物。吉佐在 1847 年成为总理，并一直执政到 1848 年辞职。街头骚乱导致了二月革命。

根据大英博物馆和 *L'Alliance France-Allemande* 和 *Les Forces titaniques* 的论文和文件，继续叙述 1848 年的事件，John Reeves 的 *The Rothschilds* 以及 Olivia Maria O'Grady 的故事。

在巴黎，红旗被挂在街垒上。1848 年 2 月 22 日，马克思主义革命者领导工人和学生进行了一场血腥的反抗，吉佐辞职。部队袭击了街垒上的革命者，使民众陷入狂热之中。24 日，国民警卫队和线团落入叛军手中。七十四岁的路易-菲利普逃离了这个国家。

马克思和恩格斯准备亲自负责革命……马克思被赋予充分的革命权力……拉马丁和阿拉戈要求犹太银行家迈克尔-古德肖接受革命的金融组合。银行家接受了。街垒的长官 Caussidière 要求詹姆斯-罗斯柴尔德提供贷款以支付他的革命助手。詹姆斯欣然应允（第 218-219 页）。

在描述了马克思和恩格斯如何在德国负责各种革命派别和起义的组织之后，奥格雷迪写道。

4 月初，马克思和恩格斯离开巴黎前往德国，在那里革命的火焰已经先于他们。神圣同盟在维也纳的硝烟和火焰中崩溃了，梅特涅亲王带着从所罗门-罗斯柴尔德那里借来的钱逃离了这座城市（第 219 页）。

詹姆斯-罗斯柴尔德给了勒德鲁-罗林七十五万法郎以支持 1848 年的革命。据说，他是被罗林威胁要烧掉拉菲特街的罗斯柴尔德宫而被迫这样做的。在 1848 年 6 月为期三天的巷战中，路易-欧仁-卡瓦格纳克取得了胜利。他立即行使独裁权力，被国民议会任命为部长会议主席。自由地使用大笔资金，罗斯柴尔德与法国的新政权走得很近，与卡瓦格纳克的关系就像他与路易-菲利普的关系一样融洽。他很快被说成是一个好的共和主义者，就像他是一个君主主义者一样。

约翰-科勒曼 (JOHN COLEMAN)

法国工人党称他为自己人。激进的《工人日报》的编辑写道。

> 你是个神童,先生!尽管他在法律上占多数,但路易-菲利普已经垮台,吉佐已经消失,君主立宪制和议会方法已经不复存在;但你,你没有动。阿拉贡和拉马丁在哪里?他们已经完蛋了,但你却活了下来。银行家王子们正在进行清算,他们的办公室已经关闭。

> 工业界的大佬们和铁路公司都摇摇欲坠……你是这些废墟中唯一没有受到影响的人。

> 尽管贵院在巴黎感受到了暴力的第一次冲击,尽管革命的影响从那不勒斯一直追到维也纳和柏林,但你们仍然没有被一场影响到整个欧洲的运动所惊扰。财富消逝了,荣耀被羞辱了,统治,但犹太人,我们这个时代的君主却保留了他的王位。

巴黎公社是欧洲的第一个共产主义政府。关于罗斯柴尔德家族,O'Grady 写道。

> 他们对无限量金钱的神话般的控制打破了罗斯柴尔德家族的所有障碍。巨大财富的耀眼光芒使他们的社会声望在各地得到提高。有权势的人、伟大的国王、王子和名人寻求他们的青睐。

> 他们建造宫殿,以皇室的辉煌来款待 "善良的人们",使君主的国家事务蒙羞。世界就在他们脚下,欧洲的犹太人的事业正在蓬勃发展。我们稍后将看到他们的命运是多么的不可思议。

第十一章

法国在共产主义的冲击下幸存下来

在这一重大事件之后,我研究了随后几年关于法国的文章,看看这条线索是否继续,发现确实如此。巴黎公社成功后,共产党人在 1871 年与俾斯麦签署了凡尔赛临时和平协议后再次尝试。1870 年 9 月,拿破仑三世在色当的崩溃是一个打击,法兰西帝国没能幸免。

9 月 4 日,暴乱者再次试图占领巴黎,就像他们之前在詹姆斯-罗斯柴尔德部分资助革命时所做的那样,但 9 月 19 日,在色当击败法国人的德国军队冲进巴黎,占领了这座城市。

共产党无法维持他们的攻势,巴黎只剩下八天的粮食。1871 年 1 月 28 日,巴黎向德国军队投降。法国军队被解除武装,要塞被夺回。俾斯麦授权进行选举,并要求向德国支付 50 亿法郎的赔偿。从 1871 年 3 月到 5 月,俾斯麦没有解除武装的马克思主义共产主义国民警卫队夺取了 417 门大炮,并暗杀了莱科姆特和托马斯将军。

国际通过勒布、科恩、拉扎勒斯、列维,当然还有卡尔-马克思,在国民警卫队中发挥了主导作用。[3]正规军被迫撤退,将巴黎留在了马克思主义社会主义国际的手中。在德国军队的支持下,法国军队,袭击了巴黎的街垒,打破了共产

---

[3] 当然,都是犹太人,NDÉ。

约翰-科勒曼 (JOHN COLEMAN)

党人的控制。但与此同时，在法国和德国正规军的攻击打破由反叛的国民警卫队领导的人群的力量之前，共产党人进行了可怕的报复。67 名无辜的人质在文森堡被屠杀。

达尔博伊的大主教像狗一样被射杀，他的一些牧师也是如此。著名的公民也被立即枪杀。这甚至发生在第三共和国的军队进入该市的时候。

1871 年 5 月 20 日，共产党人在他们围困的巴黎所有地区泼洒汽油，并放火烧毁了所有公共建筑和大多数私人财产，包括房屋。杜伊勒里宫、财政部、皇宫、司法部、市政厅和警察总部被放火焚烧，化为灰烬。

> 神奇的是，奢华的罗斯柴尔德家族及其无价的资产仍然完好无损。一如既往，罗斯柴尔德家族从 1870-1871 年战争和巴黎公社的危险中脱颖而出，经济上毫发无损，仍然是欧洲无可争议的主人。罗斯柴尔德家族再次表明，他们有能力放弃对君主制的效忠，并以同样的奉献精神给予第三共和国。

当然，阿方索-罗斯柴尔德退到了凡尔赛，并在雷泽尔酒店开了一间房，他在那里度过了革命时期的战斗、劫掠和恐怖。

所引用的部分取自奥利维亚-玛丽亚-奥格雷迪的作品、朗格教授的作品和约翰-里夫斯的《未解之谜》。

应该注意的是，虽然最激进的暴动者留下来谋杀他们不幸的受害者，但他们的领导人，离开城市，去了英国、瑞士和拉丁美洲。巴黎公社在走完它的历程后，在嗜血的狂热中垮台了。毫无疑问，管理公社所需的巨额资金（只持续了两个月）必须来自罗斯柴尔德家族。

> 公社的领导人花费了 4200 万法郎，这在当时是一笔巨款。即使是最多产的挥霍，也很难看出它是如何花掉这笔钱的三分之一的。这意味着大约 2500 万法郎在某个方向消失了，可能是去了瑞士，也许是在法兰西银行行长的行李中，或者说是他的副行长波利斯侯爵的行李中，波利斯侯爵在公

社被镇压后获得了离开瑞士的安全通行证时,陪同贝雷去了瑞士。(*The Untold History,* John Reeves)当时的普遍感觉是,被巴黎公社任命为法国银行的贝斯莱(Beslay)(换句话说,是间接被罗斯柴尔德家族任命的),为他们保存了这些钱,而罗斯柴尔德家族安排了安全通道。

无论如何,巴黎公社给法国人民带来了压迫和耻辱,使社会主义运动陷入了衰落状态。值得注意的是,凡尔赛的初步和平条约部分是由詹姆斯-罗斯柴尔德的儿子阿方索-罗斯柴尔德谈判达成的。阿方索结束了与俾斯麦的财政谈判,同意支付赔偿所需的 50 亿法郎。

爱德华-罗斯柴尔德是阿方索-罗斯柴尔德的儿子,他是詹姆斯-罗斯柴尔德的长子,于 1905 年 5 月 26 日去世,但继承人对法国事务的控制。稍后我们将看到爱德华-罗斯柴尔德和罗斯柴尔德勋爵在"贝尔福宣言"中发挥的作用,该宣言导致在巴勒斯坦建立一个犹太复国主义国家,顺便说一下,迪斯雷利在其中为他的主人罗斯柴尔德家族发挥了主导作用。正如任何有思想的世界历史学生所知道的,总有一些人在幕后。

迪斯雷利在为犹太人建立"祖国"方面发挥了什么作用?迪斯雷利在他的《坦诚》一书中谈到了

"那些政治正义的日子,当耶路撒冷属于犹太人的时候"。

他从耶路撒冷写道。

"我看到在我面前有一个看似美丽的城市"。

而在他的小说《阿尔罗伊》、《康塔里》和《弗莱明》中,他都写到了自己对耶路撒冷的热爱,强调它是犹太人的财产。在他的乡间别墅 Hughendon,迪斯雷利告诉斯坦利他的

"计划将巴勒斯坦归还给犹太人并由犹太人重新殖民"。

卡尔-马克思在 1871 年巴黎的共产主义起义中发挥了什么作用?根据大英博物馆的文件,经另外两个来源证实。

马克思欣喜若狂,尽管他的名声作为释放巴黎杀人凶手的怪物到处传播,但他在伦敦的国际组织成员面前像孔雀一样昂首阔步。他开始了对"不朽的街垒英雄"的讴歌。

当巴黎公社将革命的管理权掌握在自己手中时,当普通工人第一次敢于侵犯其文化上级的特权政府时,旧世界在看到工人共和国的象征--红旗,在巴黎市政厅上空飘扬时,愤怒地抽搐起来。

我们从巴黎公社了解到的一件事是,它使大多数法国人民感到失望,但在共济会和光照会的帮助下溜到英国和瑞士的领导人却把它视为国际社会主义在德国、西班牙、俄罗斯和意大利崛起的一个里程碑。伦敦的卡尔-马克思成为国际马克思主义的焦点,但紧挨着他的是恩格斯和罗斯柴尔德家族。

在《不为人知的历史》中,我们被告知,罗斯柴尔德家族是法兰克福共济会的代理人,黑森州长是他们的主人,罗斯柴尔德家族控制着他们的财政状况。在这一点上,值得对俾斯麦说几句,因为他不仅在塑造德国,而且在塑造整个欧洲的命运方面发挥了重要作用。

据作家约翰-里夫斯在他的《罗斯柴尔德家族》一书中说,俾斯麦被认为是罗斯柴尔德家族的一个单纯的男仆,有一半的犹太血统。

大英博物馆的文件表明,俾斯麦的生父是苏尔特元帅,他是拿破仑'滑铁卢'的实际负责人 er 。

"这不是证明苏尔特元帅是她真正的父亲,而不是那个安静的普鲁士小地主,俾斯麦的正式父亲吗?"

罗斯柴尔德家族击溃拿破仑后,他们需要一个新的统治者,他们创造了一个奥托-俾斯麦。他的父亲威廉嫁给了路易丝-门肯[门肯家族是犹太人]--一个出身不明的中产阶级妇女。他把她带到他的乡间别墅,拿破仑的法国军队很快就入侵了那里,在附近的一座城堡里,苏尔特元帅建立了他的总部。

路易斯已经面临着被侵犯的危险,苏尔特的香槟酒,他的亚洲式的说服力比她的德国丈夫的啤酒和沉重的头脑更能勾起路易斯的心。从那时起,苏尔特对俾斯麦-门肯夫人和她的儿子--未来的"铁血战士"表现出了极度的关怀。苏尔特在法国担任最高职务,并背叛了所有基督教统治者,直到他去世。俾斯麦在柏林的帕尔马研究所度过的六年,只给他留下了令人遗憾的回忆。(《切列普-斯皮里多维奇》第 108 页--*归功于 J.Hoche 的隐藏之手*)

事实上,路易丝-俾斯麦-门肯并非来历不明。我把她的祖先追溯到哈伊姆-所罗门,据说他把自己的全部财产给了乔治-华盛顿将军,以启动美国革命。1925 年 1 月 9 日的《纽约犹太论坛报》也证实路易斯-门肯是哈伊姆-所罗门的后裔。

一些学者和历史学家强烈质疑所罗门给华盛顿的钱是他自己的,而是来自罗斯柴尔德家族,所罗门只是他们的中间人而已。

他们指出,尽管哈伊姆把所有的钱都给了华盛顿,但他继续过着奢侈的生活。俾斯麦如何被罗斯柴尔德家族收编的故事可以从比肯斯菲尔德勋爵 1812 年 12 月的信件和*科宁斯比的*......中得到重构。

莱昂内尔-罗斯柴尔德经常带迪斯雷利去巴黎,在那里他被介绍给詹姆斯-罗斯柴尔德三世。普鲁士的部长阿尼姆伯爵拜访了他们。通过莱昂内尔,迪斯雷利成为他的朋友。苏尔特是法国内阁的一名部长,他谈了很多,也许是他的儿子,或者是他的情妇,前门肯-俾斯麦的儿子。因此,罗斯柴尔德家族,决定抓住年轻的俾斯麦,他需要,他至少有一半的犹太血统,他在 1839 年已经被迫与威胁其财产的灾难作斗争。但罗斯柴尔德家族、苏尔特和阿米姆已经盯上了他,而且都在试图利用他。早在 1839 年,在亚琛,俾斯麦就已经表明自己是一个叛逆者,正如迪斯雷利在他的诗歌《祝福弑君者的匕首》中所说。'

但詹姆斯要求俾斯麦和迪斯雷利表现出'大保守主义',必须赢得这种保守主义,才能滑入上流社会并获得权力。结果,迪斯雷利和俾斯麦放弃了对"弑君的匕首"的赞美,变得极端保守。两人都被命令变得"非常世俗"。普鲁士部长和帝国议会议员阿米姆于 1844 年与俾斯麦心爱的妹妹马尔维娜结婚,据迪斯雷利说,俾斯麦完全受罗斯柴尔德家族和阿米姆及其妹妹的影响。

我们间接地了解到沃尔特-拉特瑙(Walter Rathenau)关于 300 人统治世界的说法(见《阴谋家的等级制度:300 人委员会》)。 40 年前,俾斯麦曾表示他同意拉特瑙的说法:迪斯雷利重复了这一说法,指出

"这个世界是由非常不同的人物管理的,与那些不在幕后的人想象的不同。

在拉特瑙声明的 40 年前,俾斯麦表达了他对拉特瑙和迪斯雷利的认同(来自科宁斯比和切列普-斯皮里多维奇的文件和大英博物馆)

俾斯麦被认为是一个反动派,他在 1847 年试图以迪斯雷利为榜样,通过对自由派的模拟暴力来安抚保守派,从而获得普鲁士国王的青睐。俾斯麦的控制者们经过一番努力和变戏法,成功地让他在 1847 年与约翰娜-普特卡梅尔结婚。

普特卡梅尔是个了不起的女人,她能够平息自己可怕的脾气(可能是从苏尔特那里继承来的),因为她的官方父亲是个冷静的人,从不轻易爆发暴力事件,这拯救了她的事业,否则她的事业会戛然而止。1849 年,当向腓特烈-威廉四世提出新的内阁成员名单时,他在俾斯麦的名字上画了一条粗线,并写道。

红头发的反动分子。他喜欢血的味道。

1849 年,俾斯麦在阿尼姆和罗斯柴尔德的帮助下当选为普鲁士第二议院议员,1851 年他作为议员出席了美因河畔法兰克福的议会。

阿尼姆伯爵也支持俾斯麦,并在向普鲁士大臣奥托-冯-曼特夫尔推荐他方面发挥了作用。关于冯-曼特弗尔,兰格教授讨论了他的重要性的历史背景。

1850 年 5 月 16 日，一些小国和奥地利在法兰克福开会，重新组建了德意志联邦的旧议会。如果普鲁士坚持这种联合，与奥地利的战争似乎不可避免。当上诉引起争端时……双方势力都动员起来，战争似乎迫在眉睫。

俄国沙皇尼古拉被普鲁士领导人的伪自由主义所激怒，站到了奥地利一边，而从一开始就不愿意参战的腓特烈-威廉则决定匆匆撤退。他派他的新部长奥托-冯-曼特夫尔去谈判……（兰格教授，第 726-727 页）。

当俾斯麦年老时，他的眼睛从未失去其惊人的力量。他对所有软弱、多愁善感的东西都有一种天然的蔑视，在他蔑视的对象中包括许多基督教的美德。

在 1880 年出版的 *La Revue des Deux Mondes* 卷中。在瓦尔伯特撰写的第 26 章第 203 页，我们读到以下内容。

犹太人是唯一能够以这种方式利用俾斯麦的人，俾斯麦在萨多瓦（1866 年普鲁士人被奥地利人打败）之后在德国推行的所有自由主义改革都是为犹太人服务的。

正如我们已经表明的那样，罗斯柴尔德家族对他们所建立的所有国家的政治都特别感兴趣。例如，在维也纳会议上，罗斯柴尔德家族试图占据主导地位。我们向玛丽亚-奥利维亚-奥格雷迪学习。

……犹太人派代表参加了维也纳会议，他们试图用贿赂和礼物影响官方代表。人们会记得，老罗斯柴尔德担心，他从莱茵河联邦亲王卡尔-冯-达尔贝格那里买来的犹太人的特殊特权，如果不被纳入国会起草的新宪法中，就会失去这种特权。

雅各布-巴鲁克（路德维希-伯恩的父亲）、G-G-乌芬海姆和 J-J-甘布雷希，这些罗斯柴尔德的特使，如果不是梅特涅的干预，早就被维也纳警察赶出了城市。

当然，犹太代表在国会中没有正式职位。犹太人对国会议员最重要的影响来自于犹太妇女，她们开放自己的沙龙，奢侈地款待出席国会会议的主要政治家和领导人。

这些犹太人中最突出的是范妮-冯-阿伦斯坦男爵夫人、冯-

> 艾斯凯勒夫人、雷切尔-列文-冯-瓦拉哈根、莱奥波德-赫兹夫人和门德尔松-冯-施莱格尔公爵夫人。犹太人在维也纳会议上所能得到的最好结果是一些提案草案,这些草案总是向 "承担所有公民义务 "的犹太人提供完全的公民权利。这一条款并没有满足犹太 "民族 "的所有特殊要求,事实上,他们想要的是所有的公民权,而没有通常的义务。(《维也纳会议》,第 345、346 页)

作者安卡-穆尔斯坦在《詹姆斯男爵,法国罗斯柴尔德家族的崛起》中,对维也纳会议的事件及其对法兰克福的影响给出了不同的解释。

> 法国军队刚一撤走,德国当局就解决了把犹太人安置好的紧迫问题。在法兰克福,合法获得并付出昂贵代价的权利现在被废除了。犹太人再一次被当作不受欢迎的外国人对待。

> 犹太人意识到他们的荣誉、自由,有时甚至是生命受到了威胁,于是向定期在维也纳会议上开会的大国求助, 。但无论他们的论点多么有效,都是徒劳的。因此,在德国的犹太人别无选择,只能像过去一样,采用秘密手段,寻找或购买保护。

> 所罗门负责犹太人的战役,梅特涅的顾问根茨的钱包突然增大。其结果是暂停了奥地利的驱逐令,以及梅特涅和奥地利总理在普鲁士的对应方哈登伯格的声明(*詹姆斯男爵,《法国罗斯柴尔德家族的崛起》*,安卡-穆尔斯坦,第 68 页)。

据穆尔施泰因说,犹太人在法兰克福受到攻击并受到严重迫害。萨洛蒙-罗斯柴尔德选择搬到维也纳,但阿姆谢尔仍留在法兰克福,在提醒政府将多么需要罗斯柴尔德的贷款后,针对犹太人的暴力开始减弱。

第十二章

萨洛蒙-罗斯柴尔德显示了他的财政实力

在维也纳，所罗门不被允许买房子，所以他为自己租了一整间豪华酒店，然后拒绝了符腾堡国王多年来的公寓。

所罗门被授予外交豁免权，并被授予"男爵"称号。梅特涅随后任命詹姆斯和内森为领事，正如所罗门指出的那样，这是"一个犹太人难以想象的荣誉"。

> 詹姆斯没有再次提出上诉。梅特涅明显的权力和保护缓解了他的担忧。由于总理的原因，罗斯柴尔德家族将获得外交豁免权。
>
> 在授予他们一个有用的、谄媚的头衔后，他现在要做的还有很多。内森和詹姆斯，在付出了许多巧妙谈判的贷款后，构思了让自己被任命为领事，在伦敦和巴黎代表奥地利的想法。一个犹太人进入外交使团！这是不可想象的。然而，尽管这个提议很艰巨，梅特涅还是接受了。
>
> 只有心术不正的人才会怀疑罗斯柴尔德家族向总理提供有利的个人贷款之间存在联系。所有的法院办公室都会带来新的业务，特别是当涉及到奥地利时。如果詹姆斯被任命到巴黎，他可以，上帝保佑，负责所有与清偿法国对奥地利的债务有关的事务，因为领事将被授权亲自与国王打交道。(*Souvenirs* Auguste de Fremilly, page 232, 1908)

在试图建立一个强大的犹太人试图在国际公约中利用其影响力的模式时，1818年的亚琛会议也遇到了不请自来的犹太代表。英国牧师刘易斯-韦(Lewis Way)作为犹太人的代言人，向会议提交了一份请愿书，主张解放欧洲的犹太人。犹太人在1856年和1858年的巴黎大会上的影响，在这两

次会议的记录中显而易见。在这两次会议上，似乎都不允许犹太人有正式代表。(Olivia Maria O'Grady)

这并不令罗斯柴尔德家族满意，他们随后向他们所掌握的权力者提出了越来越多的要求。在获得男爵和执政官的头衔后，他们现在希望有更明显的标志来显示他们的权力。

至少可以说，他们的"爱奖"是不适度的。冯-根茨被命令宣传向他们颁发奖章和绶带的事实。

"萨洛蒙-冯-罗斯柴尔德和他在巴黎的兄弟获得了圣弗拉基米尔勋章，以表彰他们为俄罗斯谈判的贷款。"

冯-根茨曾给德国的一些主要报纸写信。如果你公布了这一消息，那也是一样的。让它成为一个弗拉基米尔，而不是圣弗拉基米尔。在1830年给冯-奈普伯格伯爵的信中，梅特涅私下批评了罗斯柴尔德家族的虚荣心。

罗斯柴尔德家族想来点圣乔治酒。多么虚荣啊!尽管罗斯柴尔德家族拥有数以百万计的财富和慷慨的忠诚度，但他们对荣誉的渴求却令人吃惊。(大英博物馆文件)

勋章的基督教宗教性质使得罗斯柴尔德家族能够获得这些勋章更加不同寻常，并强调了他们对梅特涅和俾斯麦的权力，特别是众所周知，梅特涅已经开始反对罗斯柴尔德家族的请求，理由是作为非基督徒他们无权获得某些勋章，但这并没有阻止大量的特别荣誉请求。1867年，詹姆斯的长子阿尔丰斯写信给他在伦敦的表兄弟。

俾斯麦访问（伦敦）的最显著成果是分发了装饰品。我父亲获得了大红鹰绶带，这是最高和最杰出的勋章。在普鲁士没有一个犹太人收到它。(《金与铁》，弗里茨-斯特恩，第1150页)

继续奥格雷迪的工作，她的主题是，在犹太人没有地位的世界会议上，非官方但强有力的代表，她讨论了美国为他们所做的努力。

美国犹太人影响了美国，在1913年的布加勒斯特和平会议上提出了他们对"充分和平等权利"的要求，尽管美国没有正式代表参加会议。

1913 年 10 月，英国犹太人协会向爱德华-格雷爵士发出一份联合备忘录，敦促对犹太人作出新的肯定性保证，，指出罗马尼亚曾多次无视和拒绝类似的保证。

> 美国国务卿埃利胡-罗特应西奥多-罗斯福总统的要求，向代表美国参加 1906 年阿尔及利亚会议的怀特大使发出了坚定的指示，命令他敦促会议考虑保证摩洛哥的宗教和种族宽容。

> 世界犹太人在和平会议上的行动，在《凡尔赛条约》强加给波兰的条款中体现得淋漓尽致。一个无情的征服者不可能更严厉。波兰代表于 1919 年 6 月 28 日签署了《少数民族条约》，承诺波兰将分割主权并建立一个上层的特权公民阶层。(Olivia Maria O'Grady，第 344-347 页)

历史反复表明，大多数国家的普通人除了谋生、养家和从事一份能实现这些目标的工作外，几乎没有时间用于其他事情，也没有时间去关注政治、经济问题或其他影响其生活和国家的重要事务，如战争与和平。

然而，某些群体似乎不受这些限制的影响，他们似乎总是知道重要的问题将在哪里决定，由谁决定，而且似乎有一个全球网络，使他们了解所有政治和经济发展。这些团体具有高度的组织性和很强的话语权，他们总是比普通公民更有优势。

根据切列普-斯皮里多维奇的《隐藏的手》和作家奥利维亚-玛丽亚-奥格雷迪的大量工作，这些高效的团体一直是犹太人或由犹太人主导和控制。

两位作者都引用了许多例子来支持他们的论点，其中最引人注目的可能是 1919 年的巴黎和平会议和以色列国的建立。我们继续听奥利维亚-玛丽亚-奥格雷迪的叙述。

> 1919 年的黎明，巴黎简直被来自世界各地的犹太人淹没了--富裕的犹太人、贫穷的犹太人、东正教犹太人、社会主义犹太人、金融家和革命家--他们涌入法国首都并开始工

作。

参加和平会议的犹太代表团委员会于 1919 年 3 月 25 日全面组织起来。此外，世界犹太复国主义组织和圣约信徒会的代表也被纳入委员会的组成，他们声称代表一千万犹太人说话。

伍德罗-威尔逊、乔治-克里蒙梭和其他国际人物都只是这些国际犹太人手中的傀儡。尽管建立世界超级国家的想法长期以来一直是犹太人的梦想，但威尔逊认为这是他自己的创造的自负得到了犹太代表团和他们控制的世界媒体的全面支持。一位犹太历史学家明显满意地写道："民族自决和同质化的原则不允许被推到极端"。

从凡尔赛宫的成品中可以清楚地看出犹太代表团的精巧。犹太代表团委员会背后的大脑为破坏整个基督教世界的主权做了充分准备。绝对的主权被削减了。第二次世界大战爆发后，"新的和扩大的国家 "被迫 "承担义务，在与主要盟国和联系国签订的条约中列入上述国家认为必要的条款，以保护那些因种族、语言或宗教而不同于大多数人口的居民。

参加巴黎和会的犹太人代表中有雅各布-希夫，他后来成为资助俄国布尔什维克革命的华尔街银行家之一。犹太人胜利的最高成就是将 "民族团体的权利 "置于国际保障和国际联盟的管辖之下的规定--他们都不关心 "使世界对民主安全 "。(威尔逊意向声明，奥利维亚-玛丽亚-奥格雷迪)

威尔逊可能被国联的意图和目的所误导，但一群眼界开阔的美国参议员可以看穿国联发起人的意图。他们看清了国际联盟的本质：企图破坏美国主权、美国宪法和权利法案，并在条约提交给美国参议院批准时，以这种方式拒绝了它。

参议院中反对派的领导人是参议员约翰逊（Hiram Johnson）和威廉-博拉（William E. Borah），他们的爱国主义精神是无止境的。博拉，他的爱国主义是无止境的。该条约于 1919 年 11 月 11 日被拒绝。

英国首相劳埃德-乔治也看到了《凡尔赛条约》对各国的限

制所带来的危险。1919 年，在会议周末休息期间，他把自己的恐惧写在纸上。

当各国在战争中耗尽了所有的力量，使他们疲惫不堪，流血不止，支离破碎时，建立一个可以持续到经历过战争恐怖的一代人去世的和平并不困难……因此，将一个可以持续 30 年的和平的碎片重新拼凑起来相对容易。然而，困难的是，当那些在实践中经历过战争的人已经去世时，要建立一种不会激起新的斗争的和平……。

你可以剥夺德国的殖民地，把她的军备减少到仅仅是一支警察部队，把她的海军减少到一个五流国家的水平；但最终，如果她感到在1919 年的和平中受到了不公正的对待，她会找到办法从她的征服者那里获得报复。

四年的莫名其妙的屠杀给人心留下的强加的、深刻的印象，将随着大战这把可怕的剑在人心上打下的烙印而消失。这样，和平的维护将取决于没有任何原因可以激起爱国主义、正义和公平竞争的精神……尽管劳合-乔治为确保德国得到公正对待作出了勇敢的努力，但他失败了，不是因为没有努力，而是因为国际主义的不可战胜的力量，这些力量起来反对他，其特点是法国人乔治-克莱蒙梭的恶毒和残忍的丑陋行为、态度和要求。

1919 年 3 月，他在枫丹白露写下的几乎是预言般的话语表明，劳埃德-乔治有先见之明。劳埃德-乔治被 18 世纪以来一直在积蓄力量的革命力量打败了。他们组织严密，资金充足，几乎是不可阻挡的。从某种意义上说，劳埃德-乔治因其控制者的存在而受到阻碍。菲利普，A.G.D.沙逊爵士，巴特，与罗斯柴尔德家族有婚姻和血缘关系。作为英国枢密院的成员，沙逊能够参加会议成员的秘密讨论。

1940 年 5 月 17 日的《时代》周刊在解释法国在凡尔赛的政策及其后果时，罕见地偏离了罗斯柴尔德的审查制度，也证实了这一点。

在关键的内政部，雷诺总理任命了精力充沛的 54 岁的乔治-曼德尔（Georges Mandel），他之前曾担任过殖民地部长。对于这位身材矮小、鼻子细长的克莱蒙梭主义者来说，这

约翰-科勒曼 (JOHN COLEMAN)

并不是一个新的职位,他在上一次战争中作为老虎的参谋长,曾管理国家的内部事务并维持平民的士气。

曼德尔出生于杰罗博姆-罗斯柴尔德,经常被称为法国的迪斯雷利;他是一个政客国家的超级政治家,最近在殖民地部(和邮局)显示,他完全没有失去使他成为克莱蒙梭不可或缺的活力和行政天赋。

从我在大英博物馆的研究中可以看出,巴黎和平会议和随后的《凡尔赛条约》的成功取决于国际联盟的普遍接受,这是第一次有组织地试图建立一个单一的世界政府,篡夺,将巴勒斯坦交给犹太复国主义分子。

威尔逊在 1919 年 1 月抵达巴黎时所说的话证实了这种观点。

国联是我们会议的重点。

众所周知,威尔逊曾接受过罗斯柴尔德家族的仆人曼德尔-豪斯的精心训练和指导,他知道自己必须服从命令。在大英博物馆研究劳埃德-乔治的文件时,我清楚地意识到,这位英国首相曾与威尔逊进行过斗争,但无济于事。尽管劳埃德-乔治极力抗议,但威尔逊坚持认为议程上的第一个项目应该是建立国际联盟的建议。

我在大英博物馆集中了许多个月对国际联盟的研究,发现威尔逊是带着从罗斯柴尔德勋爵那里通过曼德尔大厦间接得到的关于他的议程的指示去的巴黎。

威尔逊通过曼德尔大厦引起了罗斯柴尔德家族的注意,当时作为普林斯顿大学的教授,他曾试图通过禁止学生俱乐部来结束他所谓的 "势利 "行为。他没有成功,但他的社会主义信念的这一早期迹象引起了豪斯的注意,并帮助他赢得了新泽西州州长的职位,最终赢得了美国总统的职位。共和党全国委员会主席威尔-海斯在谈到威尔逊时说。

他想毫无阻碍地重建世界,按照所有的社会主义学说,所有的政府无限财产的概念,所有可能在他脑子里闪过的朦胧的奇思妙想。

我对威尔逊总统任期的研究表明，海耶斯走在正确的道路上，但却无从知晓，，谁在主导威尔逊的议程。他不断通过曼德尔大厦从伦敦收到的明确指示，没有任何模糊之处。来自伦敦的这样一套指示涉及威尔逊的十四点建议。事实上，他将在巴黎和平会议上提出的"十四点"是由罗斯柴尔德家族和布兰代斯法官起草的，布兰代斯将其转交给威尔逊，并命令他在犹太人伯纳德-巴鲁克的监视下，在会议上将其作为自己的东西。

第二套指示，即国际联盟的指示，据说也是威尔逊的作品。他在第一次世界大战开始时的讲话，即美国是在与"统治阶级而不是德国人民"作战，这纯粹是议院的言论。继续引用奥利维亚-玛丽亚-奥格雷迪的话语。

> 威尔逊总统被犹太金融兄弟会包围着，被阴险的豪斯上校推来推去，被犹太复国主义者布兰代斯建议，他想象自己是所有历史中伟大的"和平缔造者"。他是一个历史学家，证明他对历史一无所知。
>
> 在犹太人手中，他们为自己的目的使用它，它使这个国家[美国]陷入一场灾难性的战争，并启动了一系列旨在摧毁美国的事件。
>
> 他被那些让他屈服的人奉承和赞美，想象自己在扮演上帝，按照自己的形象改造世界和居民。在宣誓保护和促进美国人民的利益之后，他突然认为自己有了拯救世界的任务。
>
> 他呼吁实现"没有胜利的和平"，并宣称他正使美国陷入一场"结束战争的战争"，并"使世界对民主安全"。从那时起，历史就一再强调他的两面派言论是徒劳的。
>
> 和平与胜利在1918年11月11日到来，威尔逊匆匆赶往巴黎，在那里他失去了这两样东西（奥利维亚-玛丽亚-奥格雷迪）。

这对威尔逊来说也许有点苛刻，毕竟他身边有顾问的保护。

> 我们现在可以正确评估这个罪恶的、背信弃义的和平条约，它引起了目前的战争（第二次世界大战）。

不是威尔逊用他的十四点承诺背叛了德国政府，也不是劳埃德-乔治对阿拉伯人撒谎以诱使他们参战；--是杰罗博姆-罗斯柴尔德、菲利普-沙逊爵士和伯纳德-巴鲁克。威尔逊、劳合-乔治和克莱蒙梭只是在他们服从于他们不敢反对的权力的情况下才有罪。这三个犹太人，代表了罗斯柴尔德家族的金融力量，决定了臭名昭著的和平条约的基本条款。

他们创建了国际劳工局；他们安排了赔偿委员会和布鲁塞尔金融会议；他们把巴勒斯坦给了犹太人；他们建立了没有我们成员的国际联盟和世界法院。

正是我们拒绝加入，才阻止了他们实现世界政府的宏伟机器（*罗斯柴尔德货币信托基金*，第 67、68 页）。

虽然在这段描述中没有提到豪斯上校的名字，但在会议上，比巴鲁克更代表罗斯柴尔德在美国的利益的是豪斯。续写自《罗斯柴尔德货币信托》。

这三个犹太人对放弃威尔逊总统的十四点建议和公然违反德国放下武器的承诺负有责任。如果威尔逊总统的承诺得到兑现，我们就不会有第二次世界大战。也许如果我们加入了国际联盟，就不会有这种情况，因为我们将成为 "暴君国王 "的臣民，他将用铁手统治我们....。

杰罗博姆-罗斯柴尔德（Mandel）是雷诺内阁的成员，当法国拒绝与大英帝国合并，而是决定投降时，他与雷诺一起辞职并逃跑。据媒体报道，法国人民现在似乎意识到，他们现在是战争贩子的受害者......

国联项目并不是从威尔逊总统开始的。他并没有要求这样做。它的确切来源不明，但犹太人声称有此功劳。这无疑是他们的宝贝，因为它具有他们技能的所有特征......《伦敦*每日邮报*》宣布它是 "历史上最精心策划的骗局"。

在与德国起草和平条约的借口下，这次和平会议将巴勒斯坦确立为犹太人的家园，并授权英国政府管理这个国家。从那时起，犹太人就开始与阿拉伯人交战，局势变得如此不可容忍，以至于英国政府试图在犹太人和阿拉伯人之间划分国家，放弃自己的责任，这让犹太人和阿拉伯人都不高兴。

美国人民不希望有一个超级政府,也不希望被罗马教皇或锡安血统的专制者所统治。当共和党人在 12 名顽固的民主党人的帮助下,以非常微弱的优势击败了国际联盟项目时,我们险些逃脱了这一命运;因为国际联盟本来就是这样的。(奥利维亚-玛丽亚-奥格雷迪,第 68、69 和 85 页)

奥格雷迪写了一个合适的墓志铭(也许也是对世界的一个严峻警告)。

到 1938 年底,国联的崩溃几乎已经完成。曾经是成员的六十二个国家中,只剩下四十九个。到 1940 年底,它已不复存在。

它沿袭了它的前辈--神圣联盟(罗斯柴尔德家族非常害怕)、欧洲协调会和常设仲裁法院的道路。

它失败了,因为美国拒绝参与,也因为人类还没有沦为其共同的分母--平庸。

母亲"、"家"、"国旗"、"天堂 "和 "上帝与国家 "的概念仍然深深扎根于人们的思想和心中。在这些 "反动的资产阶级 "概念从人类的大脑中抹去之前,还需要另一场战争,甚至是另一个战争。

Mayer Amschel Rothschild

位于德国法兰克福犹太大街的罗斯柴尔德家族住宅。

Gutte Schnapper Rothschild

Jacob James Rothschild

Lionel Rothschild

最著名的罗斯柴尔德的儿子们，他们控制着数十亿美元的财富。所罗门、内森和卡尔-罗斯柴尔德

瓦德斯顿庄园(Mansion),罗斯柴尔德家族在英国的乡村住宅

雅各布-詹姆斯-罗斯柴尔德的费里耶尔城堡

拿破仑-波拿巴和阿瑟-韦尔斯利（威灵顿公爵）。

苏尔特元帅和布吕歇尔将军

第十三章

国际联盟：试图建立一个单一的世界政府

国际联盟最令人吃惊的方面之一是为使其被美国接受而施加的巨大压力，以及为此所做的非凡努力。威尔逊要求不经讨论、不经修改、不经修改地批准该条约，就像现在这样。

美国人民被罗斯柴尔德在美国的代理人评估为有足够的意愿接受任何东西，被期望接受 1915 年闭门造车的秘密协议。这就是罗斯柴尔德家族所习惯看到的情况。这总是一个 "我们的意愿得到满足 "的案例，否则会有很多麻烦。

在 1919 年 9 月 22 日，教授 I.美国费边主义者肖特韦尔要求参议院毫不拖延地批准条约，世界基督教协进会总书记查尔斯-麦克帕兰支持他的请求！

我提到这一点是为了说明国际社会主义在美国的根基有多深。

即使在那时，犹太复国主义也是决定性的因素。关于美国的犹太复国主义运动，在沃尔特-拉奎尔的《*犹太复国主义史*》中有一段有趣的描述。

> 直到 1917 年，美国的犹太复国主义组织才出现......但尽管东欧发生了一些事件......在美国的生活中几乎察觉不到该运动的影响。欧洲毕竟离我们很远，对美国犹太人的处境及其前景并不关心。该运动基本上承载了东城的特征。它缺乏资金、威望和政治影响力。另一方面，它的领导人是被

同化的犹太人，如拉比-斯蒂芬-怀斯......突破是在欧洲战争的早期，当布兰代斯成为其领导人时。布兰代斯是最受尊敬的美国律师之一，后来成为最高法院法官。他被1901年移居美国的英国犹太复国主义者、赫兹尔的亲密伙伴雅各布-德-哈斯说服了。

用其他犹太复国主义领导人的话说，布兰代斯与任何形式的犹太生活都没有联系，对其文学和传统不熟悉；他必须重新发现犹太民族。但是，一旦他的想象力被犹太复国主义理想所俘获，他就把大部分时间和精力投入到该运动中，从1914年起担任该运动的主席，直到他被任命为最高法院法官。正是路易斯-布兰代斯对该运动的认同，比任何其他事件都更能使犹太复国主义成为一种政治力量。作为一个犹太复国主义者突然变得受人尊敬。(第160,161页)

在拉奎尔书中的这段摘录中，有一些非常重要的陈述。

1. 犹太复国主义不是绝大多数美国犹太人关心的问题。

2. 绝大多数美国犹太人对欧洲的战争并不十分关心。

3. 布兰代斯不是一般意义上的宗教犹太人。

4. 犹太复国主义运动，在布兰代斯加入之前，基本上是由来自东方的无宗教信仰的布尔什维克犹太人组成的社会主义运动，也就是托洛茨基为推翻基督教俄国的任务而招募的那些人，换句话说，犹太复国主义的犹太人。

5. 大多数美国犹太人对移民以色列不感兴趣，直到布兰代斯让他们注意到这一点。显然，他们不认为巴勒斯坦是"祖国"，至少不是政治意义上的犹太复国主义国家，因为他们的宗教教导说，在弥赛亚回归之前不可能有犹太国家。

为了公平起见，在不希望伤害犹太人的情况下，为了严格客观起见，我研究了数千页布兰代斯的历史，但我没有发现任何证据表明他重新发现了自己的犹太教。我找不到任何证据表明布兰代斯成为一个宗教犹太人。我确实发现，德哈斯使布兰代斯皈依了积极的犹太复国主义，这是一场政治运动，而不是宗教运动，在这场政治运动中，布兰代斯比圣保罗皈依了基督教。

约翰-科勒曼 (JOHN COLEMAN)

随后，布兰代斯成为世界犹太复国主义者联合会的临时主席，该联合会本身是一个纯粹的政治性、非宗教性的非宗教犹太人机构。

罗斯柴尔德家族在各个阶段参与的最著名的历史事件也许是"贝尔福宣言"，它被普遍认为是以色列国在巴勒斯坦土地上的开始，而这是犹太复国主义者一百年来一直努力实现的目标。但到1914年，他们在实现其目标方面没有取得任何进展，至少没有值得一提的进展。犹太复国主义并不比赫兹尔在1897年更接近其经常宣称的在巴勒斯坦建立犹太国家的目标。根据国会记录和大英博物馆文件，以及美国驻伦敦大使罗伯特-兰辛的战争回忆录和拉姆齐-麦克唐纳的著作，第一次世界大战为推动赫兹尔在巴勒斯坦建立犹太复国主义国家的梦想提供了一个黄金机会。兰辛在1915年推动美国加入第一次世界大战，豪斯代表罗斯柴尔德家族行事，与他一起游说威尔逊。威尔逊受到的压力是巨大的，美国违背87%的美国人民的意愿加入了欧洲战争。

当权派历史学家一直给人的印象是，大多数犹太人都赞成在巴勒斯坦建立一个"犹太人的家园"。通过广泛的研究，我发现这在很大程度上是一种宣传行为。

事实上，在俄罗斯和英国，宗教犹太人对这一想法有很大的反对，他们认为这样的家园只有在他们的弥赛亚回来之后才能建立。

为了软化宗教犹太人的态度，魏茨曼于1917年5月20日在伦敦发表演讲，他在演讲中表示，他知道英国政府准备支持犹太复国主义在巴勒斯坦的计划。

当然，他没有被正式授权发表这样的声明，但毫无疑问，他知道罗斯柴尔德勋爵的权力和威望更有可能占上风，他还是这样做了。由著名的蒙特菲奥里犹太王朝的克劳德-蒙特菲奥里领导的反犹太复国主义的宗教犹太人反对派极为不满，特别是因为魏茨曼曾称宗教犹太人是"少数人"。

根据《犹太复国主义史》，一封由英国代表委员会主席蒙特菲奥雷和大卫-亚历山大签署的信被寄给了《伦敦时报》，该报于 1917 年 5 月 24 日发表，标题为《巴勒斯坦和犹太复国主义，英国犹太人的观点》。

> 他们再次抗议犹太复国主义的无固定居所的民族理论，如果普遍接受，将产生消灭各地犹太人的效果，成为一种时代错误；宗教是唯一确定的标准。签署人还表示，如果巴勒斯坦的犹太定居者以政治特权或经济优惠的形式获得特殊权利，那将是一场灾难。这与人人享有平等权利的原则相矛盾。这将危及犹太人在任何地方获得的平等权利，并将使巴勒斯坦犹太人陷入与其他种族的邻居的最激烈争吵中。(第 193、194 页)

非犹太复国主义宗教犹太人的智慧和远见反映在巴勒斯坦的悲惨事件中，该地区至今仍处于动荡之中。多年后，他们的观点被一个宗教犹太组织耶路撒冷之友（Naturei Karta）所采纳。在《纽约时报》的 12 个整版广告中，他们谴责以色列国是一个非法的国家，是在公然违背宗教犹太人和《圣经》的情况下建立的，是对正统派犹太人的一种劫难。

第十四章

英国政府背叛了阿拉伯人,阿拉伯的劳伦斯

通过涉及阿拉伯的劳伦斯的背叛、英国和法国之间的秘密协议(《赛克斯-皮科条约》)等大量狡猾的手段,两国政府决定在战争结束后将阿拉伯土地划分给它们。这对你来说是否显得非同寻常?是的,它是,而且只有在罗斯柴尔德家族的支持下才能做到。其中一个骗局是犹太复国主义领袖索科洛的一封信,他任命另一个犹太复国主义分子,一个叫萨切尔的人,准备一份给贝尔福的草案,根据该草案,将巴勒斯坦重建为一个犹太国家是他的基本战争目标之一。索科洛有疑虑,认为这太有野心了。

> "如果我们要求太多,我们将一无所获",罗斯柴尔德勋爵显然也持这种观点。然而,当外交部公布自己的草案时,他们感到沮丧,该草案对犹太迫害的受害者使用了 "庇护"、"避难 "和 "庇护所 "等术语。不用说,这个草案被犹太复国主义者拒绝了,他们坚持认为,除非承认巴勒斯坦是犹太人的民族家园这一原则得到确认,否则宣言将毫无价值。最后,7 月 18 日,罗斯柴尔德向贝尔福提交了一份妥协方案。它没有提到一个犹太国家,而是一个民族家园。
>
> (*犹太复国主义史*》,第 195-196 页,Sokolow, *Geschite des Zionismus*, 大英博物馆论文)

不幸的是,宗教犹太领袖的抗议声音被政治上的犹太复国主义所淹没,在罗斯柴尔德家族的支持下,犹太复国主义的天平向他们倾斜了。拉姆齐-麦克唐纳总结了他对这种暗

箱操作的感受。

> 我们鼓励土耳其的阿拉伯人起义，承诺从奥斯曼帝国的阿拉伯省份（包括巴勒斯坦）建立一个阿拉伯王国。

> 同时，我们鼓励犹太人帮助我们，向他们承诺巴勒斯坦将提供给他们定居和管理；同时，我们还与法国达成了划分领土的赛克斯-皮科协议，我们指示我们在埃及的总督向阿拉伯人承诺。这个故事是一个严重的口是心非的故事，我们无法逃避随之而来的责备。

麦克唐纳说：当时我们鼓励犹太人帮助我们，向他们承诺巴勒斯坦将是他们的，这到底是什么意思？犹太人如何在战争中提供帮助？通过提供来自犹太国家的男子，像阿拉伯人那样与土耳其人作战？不，根本不是这样的。犹太复国主义者没有提供任何人力来帮助英国人和阿拉伯人与土耳其人作战。犹太复国主义者是如何帮助的？

他们说服美国国会违背 87%的美国人民的意愿，对德国宣战。为了做到这一点，英国人背着阿拉伯人和其他巴勒斯坦居民（他们的祖先已经在巴勒斯坦生活了 7000 年），在美国的合谋下，将巴勒斯坦许诺给犹太复国主义者，尽管没有任何国际法允许他们这样做。

只有少数人对阿诺德-汤因比所说的 "灾难"提出抗议。包括奥利维亚-玛丽亚-奥格雷迪（Olivia Maria O'Grady）在内的几位作家参加了对赛克斯-皮科特分治计划的抗议活动，该计划导致了 "贝尔福宣言"的发表。

> 在整个战争期间，英国及其盟国不断宣称他们是为世界的自由而战。贝尔福宣言》中包含了什么样的自由？英国凭什么提议处置另一个民族的土地？一个国家可以在什么道德基础上寻求在另一个国家的领土上为一个外国人民建立一个民族家园？巴勒斯坦并不属于英国。

阿诺德-汤因比是一位备受瞩目的英国历史学家和主要公众人物，他因其十卷本的作品《*历史研究*》而获得普遍认可，该作品根据理想主义历史哲学对人类发展进行了全面的重新审视。

因此，没有人敢说麦克唐纳、汤因比和阿拉伯的劳伦斯是"反犹太人"或"反犹太主义"，这种威胁曾阻止许多其他志同道合的人谴责英国政府在非法的《贝尔福宣言》中所表达的两面性。汤因比在《历史研究》中表达了他对阿拉伯人在巴勒斯坦问题上的背叛的愤怒。

> 虽然1948年降临在巴勒斯坦阿拉伯人身上的灾难的直接责任在当年以武力为自己在巴勒斯坦夺取黎巴嫩的犹太复国主义犹太人的头上，但沉重的间接责任却在英国人民的头上，因为如果犹太复国主义者在1918年没有机会征服一个他们是微不足道的少数民族的阿拉伯国家。在接下来的三十年里，英国的权力没有被持续行使，使犹太移民进入巴勒斯坦成为可能，违背了人们的意愿，不顾人们的抗议，也没有考虑到该国阿拉伯居民的期望，他们在1918年将成为英国这一长期持续政策的受害者。

阿拉伯的劳伦斯（Colonel Lawrence），更不能被指责为反犹太人的偏见或被贴上'反犹主义者'的标签，但他对自己对阿拉伯人的承诺的背叛并不沉默。

> 如果我们赢得了战争，对阿拉伯人的承诺仍然没有兑现。然而，阿拉伯的灵感是我们在东方赢得战争的主要工具。所以我向他们保证，英国在文字上和精神上都遵守了她的承诺。有了这样的保证，他们完成了他们的好事；但是，当然，我没有为我们一起做的事情感到骄傲，而是最终感到痛苦的羞愧。

其他声音补充了劳伦斯所表达的完全背叛的感觉，包括奥格雷迪。

> 劳伦斯上校有充分的理由感到羞愧。当阿拉伯人在为英国战斗和牺牲时，英国外交大臣阿瑟-贝尔福正在用巴勒斯坦换取犹太人的承诺，使美国站在英国一边参战。在，除了这种背叛之外，英国和法国根据《赛克斯-皮科条约》的条款，同意在战争结束后将阿拉伯土地分给他们。

我对汤因比的声明思考了几个月，因为考虑到他的背景和关系，他极不可能对犹太复国主义者或他的导师洛克菲勒和罗斯柴尔德表达任何批评情绪。

根据陆军部档案中的文件（以及大英博物馆中的副本），汤因比是布莱斯勋爵的门生，是哲学激进派的追随者。汤因比追随布莱斯的脚步，为《大英百科全书》9版撰写了一篇文章。

这篇文章题为《德国在法国的恐怖：历史记录》，是一篇不加掩饰的反德宣传文章，重要的是在1917年于纽约发表。显然，这是一个诱因，以帮助威尔逊总统将美国拖入欧洲战争的斗争中。尽管对德国人暴行的指控都无法证实，但这篇文章被广泛认为是真实的。

这正是威尔逊需要从牛津大学巴利奥尔学院的一名研究员那里得到的理由，以解释为什么美国必须派其儿子到法国去送死，"以使世界对民主安全"。

我们下一次听到汤因比的声音是在他被任命为参加巴黎和平会议的英国代表团成员时，这是一个并不光彩的职位，当他在皇家国际事务研究所（300人委员会的外交政策部门）规划自己的未来时，他将会危及这一职位。

因此，汤因比一定非常熟悉对麦加郡长、侯赛因-本-阿里和劳伦斯上校的承诺，以及后来对这两个人的信任的背叛在多大程度上使英国战胜土耳其人成为可能。

汤因比是一本重要书籍的作者，该书主张建立一个单一的专制世界政府，豪斯上校将该书的副本交给了威尔逊总统，威尔逊和皇家国际事务研究所的许多指令都是基于此。我发现汤因比得到了25万美元的资助，但没有直接表明他也得到了罗斯柴尔德家族的资助，尽管可能有这种联系，因为是豪斯在国际联盟会议上为威尔逊传达了指示。

这就是灾难的种子所在，是巴勒斯坦持续至今的动荡的起源，公正的人，如Naturei Karta东正教犹太人，知道这份文件中所包含的罗斯柴尔德和贝尔福出卖阿拉伯人的隐藏的故事。正统的 Naturei Karta 犹太人不同意 "犹太家园 "的概念。这个高尚的东正教犹太运动反对犹太复国主义者在巴勒斯坦的存在。

至于欧洲和美国的基督徒，他们对巴勒斯坦 "其他 "居民的命运已经陷入了漠不关心的状态。这既不尊重他们，也不反映基督的话中所体现的公平竞争的基督教伦理。

"己所不欲，勿施于人"。

古往今来，哲学家、历史学家和学者们都在问：为什么战争的历史表明，战争总是由所谓的 "精英"，即国家的领导人发动的？正如亨利-克莱所言，其中一个原因是，当民众有不满情绪时，外国威胁就会被用作镇压这种不安的借口。

第二个，也许是最重要的原因是，所有的战争都是源于经济。由于银行和金融的控制权掌握在精英阶层手中，他们为了经济利益而发动战争是众所周知的。例如，国际银行家，在第一次世界大战中收获了巨大的财富。罗斯柴尔德家族通过资助美国内战的双方获得了巨额利润。

还有伯特兰-罗素的理论，即战争会减少人口。在 300 人委员会看来，世界上有太多的人，他们正以惊人的速度消耗着地球的自然资源。罗素认为，解决方案是摆脱他所谓的 "无用的吃货"，这些人应该定期被淘汰。

第一次世界大战的一千万人死亡并不足以让罗素满意，他认为应该定期引入瘟疫和大流行病，以淘汰那些躲过战争的 "无用的吃货"。艾滋病大流行是故意引进的，希望它能从 "剩余人口 "库中消除数百万人。

精英阶层已经设计出了保护其成员免受瘟疫侵害的方法，中世纪成功抗击黑死病大流行的例子就是证明。关于步兵所面临的那种军事服务，精英们有成功避免战术的记录，总统 G.W.布什和副总统理查德-切尼。这些并不是孤立的案例，而是可以在所有国家的档案中找到大量的资料。

第十五章

偷偷摸摸的双关语

哈佛大学柯立芝历史学荣誉教授威廉-兰格（William L. Langer）对1915年的政治形势总结如下。

> "在亚洲土耳其的运动，1916-1917……巴勒斯坦将被置于国际管理之下。1916年5月9日，英国和法国之间的赛克斯-皮科协议……上述协议中提到的领土将由法国和英国管理，而阿拉伯的其他地区将被划分为法国和英国的势力范围，但组织成一个阿拉伯国家或国家联盟。"

兰格教授以典型的轻描淡写的口吻补充道。

> "这些协议与与阿拉伯领导人达成的其他协议并不完全一致，这些协议确实不兼容。"

换句话说，建立了两个不同的任务，提供了两套目标，其中一套是阿拉伯人完全不知道的。

历史上有没有美国总统的这种行为得到过批准？美国宪法是否允许威尔逊与没有得到其政府正式认可的私人进行基本上是私下的谈判？这些问题的答案一定是否定的。对美国政府和美国人民来说，其后果是相当大的，而且是屈辱的。此外，从来没有人向美国人民解释过，既然莱昂内尔-罗斯柴尔德没有担任任何官方职务，为什么要把《贝尔福宣言》提交给他接受？仅仅因为这个原因，《贝尔福宣言》过去和现在都是一份虚假的文件。很明显，即使在那时，英国政府已经开始与阿拉伯人和他们杰出的英国领导人托马斯-爱德华-劳伦斯上校（被称为"阿拉伯的劳伦斯"）玩起了双重游戏。

然后，兰格教授回到两年前的 1914 年 10 月 31 日，全面介绍了阿拉伯人的地理位置，以及英国在中东战争中为试图从失败中夺取胜利所做的努力。

"基钦纳勋爵（英军指挥官）曾向麦加大郡主侯赛因提供了有条件的独立保证。治安官和英国政府之间的谈判于 1915 年 7 月开始。1916 年 1 月 30 日，英国接受了侯赛因的条件，但巴格达和巴士拉的确切地位以及法国在叙利亚的势力范围仍未确定。"

应该注意的是，这里没有提到在巴勒斯坦只为犹太人建立 "犹太家园 "的问题。

"1916 年 6 月 5 日，希贾兹的阿拉伯起义开始了，对麦地那的土耳其驻军发起了攻击。

6 月 7 日，侯赛因宣布希贾兹独立，麦地那的（土耳其）驻军投降。

10 月 29 日，侯赛因被宣布为所有阿拉伯人的国王。他呼吁阿拉伯人向土耳其人发动战争。

12 月 15 日，英国政府承认侯赛因为希贾兹的国王，也是所有阿拉伯人的国王。主要是为了加强阿拉伯人的叛乱，阿奇博尔德-默里爵士（1916 年 3 月 19 日起担任埃及的指挥官）决定在西奈和巴勒斯坦进行谨慎的进攻。在所有这些修订和军事行动中，英国政府与阿拉伯人之间的谈判和协议中从未提及在巴勒斯坦的 "犹太人家园"。可以肯定的是，如果提到这一点，阿拉伯人就会断然拒绝，并且永远不会占领阿里什。大多数历史学家都同意这一基本观点。

1916 年 12 月 21 日，英国人在修建了一条穿过沙漠的铁路和管道后，占领了阿里什。1917 年 4 月 17 日至 19 日，英国人被土耳其人和德国人的联合部队击退，损失惨重。6 月 28 日，穆雷被埃德蒙-艾伦比爵士取代。

7 月 6 日，壮观的战争英雄托马斯-E-劳伦斯上校开始出现，他激励了阿拉伯运动，并占领了亚喀巴，从而开始了对土耳其驻军的精彩进攻，特别是对希贾兹铁路的守卫，这是土耳其通信的最重要环节。历史证实，沿着希贾兹和亚喀

> 巴铁路的所有这些战斗完全是由阿拉伯军队在 Lawrence 的指挥下进行的。没有英国军队参与这些关键战役，也没有提到任何犹太军队的参与。朗格和其他历史学家欣然承认，如果没有阿拉伯人的帮助，英国人是不可能将土耳其赶出阿拉伯和巴勒斯坦的。事实上，正是阿拉伯人在劳伦斯的领导下，将土耳其人赶出了阿拉伯和巴勒斯坦。认为劳伦斯和他的承诺下的阿拉伯人知道'犹太人的家园'将是他们斗争的回报，这是非常不合逻辑的。"

朗格接着说。

> 在巴勒斯坦前线，新任英国指挥官埃德蒙-艾伦比将军于1917年10月开始进军……12月9日，艾伦比占领了耶路撒冷。由于艾伦比被迫将其军队的大量特遣队派往法国，以处理英军在法国前线以重大损失被击败的危机，并阻止胜利的德军前进，因此英国的前进被推迟了。英军下令将其在美索不达米亚和土耳其作战的所有部队返回德法战线，以帮助阻止法国和德国军队向欧洲推进。

我怀疑，除了少数驻军和补给部队外，没有任何英国部队留在巴勒斯坦，绝大部分已于1918年3月18日被派往法国。朗格说英国军队得到了阿拉伯人的实质性帮助，这是错误的。在英军主力部队被派往法国后留下的一些英军的协助下，阿拉伯部队进行了大部分战斗。Langer 补充说，英国军队结束了土耳其在巴勒斯坦的存在。我认为他的说法显然是错误的。

正是阿拉伯军队结束了土耳其在巴勒斯坦的存在。在巴勒斯坦的伟大战役中，没有法国、英国或犹太军队在场。这是一个无可争议的事实。汤因比和劳伦斯对朗格在《伦敦时报》上的报道感到惊恐，并表示愤慨，宣布它是虚假的。很明显，在被剥夺了英国军队的情况下，艾伦比不得不依靠阿拉伯军队来继续他对土耳其人的战役，他知道身经百战的阿拉伯人会在1918年9月8日的战役中将土耳其人赶出巴勒斯坦。朗格说。

> 英国人打破了土耳其在地中海附近的防线，开始粉碎敌军。英国军队在劳伦斯领导的阿拉伯人的实质性帮助下，现在

能够向北推进。

兰格再次不厌其烦地淡化了从事大部分战斗的阿拉伯军队所发挥的关键作用。在其书的第 316 页，历史学家奥格雷迪对巴勒斯坦的事件发表了自己的看法。

> 随着英国军队向圣地进军，犹太人在德皇手中的巴勒斯坦的前景开始消退。如果英国保证世界上的犹太人在巴勒斯坦有立足之地，他们就会为英国工作。与英国政府的谈判于 1917 年 2 月开始，由马克-赛克斯爵士担任主要中间人。1917 年 11 月 2 日，贝尔福勋爵在给未加冕的以色列国王莱昂内尔-罗斯柴尔德的信中减少了秘密谈判的结果和美国私人之间的广泛通信。

这封信被称为《贝尔福宣言》，其内容如下

> 亲爱的罗斯柴尔德勋爵，我很高兴代表女王陛下的政府向您转达以下关于同情犹太复国主义愿望的声明，该声明已提交给内阁并得到批准。
>
> 国王陛下的政府重视在巴勒斯坦为犹太人建立一个民族家园，并将尽一切可能促进这一目标的实现，但有一项明确的谅解，即不得采取任何可能损害巴勒斯坦非犹太人社区的公民和宗教权利或犹太人在任何其他国家享有的权利和政治地位的行动。如果你能将这一声明提请犹太复国主义联合会注意，我将非常高兴。

犹太人努力让外邦人相信，贝尔福勋爵看到了他们事业的 "正义"，在向英国政府 "推销 "这一想法后写下了宣言。犹太复国主义者在报道这封信的发表时说。

> 贝尔福宣言》被正确地称为 "贝尔福宣言"，不仅因为是作为外交大臣的阿瑟-贝尔福爵士起草了这封历史性的信件，而且还因为他比任何其他政治家都要对宣言中体现的政策负责。

为了对犹太人公平起见，我搜索了一下，但找不到关于阿拉伯的劳伦斯或侯赛因警长，或任何生活在 , 被贝尔福或赛克斯咨询过的人民领袖的资料，虽然勤奋地搜索了一下，看是否可能有记录，而逃脱了研究人员的注意，但没有。

继续与奥格雷迪合作。

> 当然,没有什么能比这更符合事实了。原稿是由犹太人自己写的。写这篇文章的布兰代斯法官是谁?布兰代斯是美国民主党内的极左社会主义者,是美国最高法院法官,也是几个犹太复国主义组织的成员。在阿瑟-贝尔福和罗斯柴尔德勋爵的整个谈判过程中(其中没有一个人包括侯赛因警长或阿拉伯的劳伦斯),布兰代斯以美国公民的身份行事,从未被国会或国务院授权作为美国政府的代言人。

历史学家 O'Grady 接着说,"威尔逊总统批准了它"。这就提出了重要的问题。当威尔逊参与布兰迪斯、莱昂内尔-罗斯柴尔德、贝尔福勋爵和美国犹太复国主义党之间的 "讨论 " 时,他是否以总统以外的任何身份行事?

* 如果不是,威尔逊是否以美国总统的身份正式行事?

* 国会是否批准了威尔逊的行动,这些行动是否由美国国会资助?

* 如果是这样,威尔逊是否得到美国国会决议的授权,以任何身份行事?

> 威尔逊总统批准了它,然后将它提交给贝尔福签署。美国历史上没有任何事件,更具有羞辱性。没有人解释为什么《宣言》是由不担任政府职务的布兰代斯写的,然后提交给在英国政府中不担任任何官方职务的莱昂内尔-罗斯柴尔德。 (Maria O'Grady)

雅各布-德-哈斯博士在他的《布兰代斯大法官传》中对所发生的幕后活动进行了解释。

> 在伦敦准备了相当数量的[贝尔福宣言]草案,并通过陆军部渠道转交给美国,供美国犹太复国主义政治委员会使用。美国人在战争委员会中的优势导致英国人在发表宣言前寻求威尔逊总统的同意并批准宣言的语言。
>
> 从政府到政府的电报草案被交给了布兰迪斯政权,供其批准。经过最必要的修改,威尔逊总统通过完全同情犹太复国主义目标的豪斯上校行事,授权向英国政府发送已出版

的版本,所有盟国政府也对该版本表示赞同。

布兰代斯政权"是指布兰代斯担任主席的临时犹太复国主义总务委员会。你,读者,能想象吗?电报草稿,美国,英国陆军部,都在为犹太复国主义者工作!他们挥舞着多么巨大的力量!

同样,没有提到与侯赛因、劳伦斯、阿拉伯领导人或巴勒斯坦人民的任何协商,美国国会似乎也不知道非美国政府的布兰代斯委员会与罗斯柴尔德勋爵、威尔逊和贝尔福之间的秘密谈判。只有犹太复国主义者被征求意见。

大多数研究犹太阴谋的学生都怀疑《贝尔福宣言》背后的英国和犹太计划和目标。尽管《宣言》公开时,美国已处于战争状态近七个月,但它作为涉及美国的一个因素的重要性并没有被忽视。

有大量的证据可以得出明确的结论。然而,政府对这种性质的交易的谈判总是秘密进行的,而且通常在交易时很难获得结论性的证据。

当事件无法挽回并消失在过去的迷雾中时,人们往往会写下他们的回忆录,吹嘘曾经震撼世界的秘密事迹。兰德曼先生的情况就是如此。他是英国第二次犹太复国主义联合委员会的名誉秘书,《犹太复国主义者》的编辑和犹太复国主义组织的秘书和律师。后来他是新犹太复国主义组织的法律顾问。

兰德曼先生在 1936 年 2 月 7 日发表在《伦敦犹太纪事报》上的"英国、犹太人和巴勒斯坦"标题下,部分内容如下

在 1916 年战争的关键日子里,当俄国人即将变节,犹太人的舆论普遍反俄,希望德国如果取得胜利,在某些情况下会给他们巴勒斯坦,盟国曾多次试图让美国站在他们一边参战。这些尝试都没有成功。

法国驻伦敦大使馆的乔治-皮科特先生和奥赛博物馆东部分部的古特,当时与内阁秘书处已故的马克-赛克斯爵士保持着密切联系,他们抓住机会说服英国和法国政府的代表,促使美国总统参战的最好、也许是唯一的办法是通过向犹

太复国主义犹太人许诺巴勒斯坦来确保他们的合作。

这样一来，盟国将争取并动员美国和其他地方迄今未曾预料到的犹太复国主义犹太人的强大力量，在对价的基础上支持盟国。当时，威尔逊总统对布兰代斯法官的意见给予了尽可能大的重视。

马克爵士从战争内阁获得许可，允许马尔科姆先生在此基础上与犹太复国主义者接触，马克-赛克斯和马尔科姆先生都不知道谁是犹太复国主义领导人，马尔科姆先生向 L.J. 格林伯格先生求助，以了解他应该向谁求助……犹太复国主义者已经履行了他们的职责，帮助美国加入，1917 年 11 月 2 日的贝尔福宣言只是公开确认了 1916 年的口头协议。

这一口头协议不仅得到了英国、法国、美国和其他盟国政府的事先同意和批准，而且也得到了阿拉伯领导人的同意和批准。正如在其他地方已经详细解释的那样，魏茨曼博士和索科洛先生知道，詹姆斯-马尔科姆先生是作为英国战争内阁的使者来找他们的，内阁授权他代表他们说，英国将把巴勒斯坦交给犹太人，以换取犹太复国主义的援助，通过布兰代斯法官，诱使美国来援助盟国。马克-赛克斯爵士和马尔科姆先生都告诉在伦敦和巴黎的阿拉伯代表，如果没有美国的帮助，战后建立阿拉伯国家的前景是有问题的，因此他们不得不接受巴勒斯坦将被归还给犹太人，以换取他们帮助美国进行干预。

经过努力搜寻，我无法找到据称被告知阴谋的 "在巴黎和伦敦的阿拉伯代表 "的名字，这些人超越了对麦加和麦地那郡长侯赛因-本-阿里以及劳伦斯上校的承诺，而且兰德曼先生没有说出这些神秘的 "阿拉伯代表 "的名字。这就提出了一个问题："为什么不呢？"既然他提到了所有其他人的名字，为什么 "阿拉伯代表 "仍然是匿名的？

非常清楚的是，劳伦斯和侯赛因-本-阿里都没有被告知所发生的事情，尽管他们在对土耳其的战争中冒着生命危险和手下的生命危险，也没有发现任何文件表明这两个人知道与犹太复国主义者的秘密谈判，以及他们被要求派代表到伦敦和巴黎。犹太复国主义者被告知，但美国人民却不知道，战争是在他们的支持下进行的。

第十六章

背信弃义的阿尔比恩"不负盛名

无论如何，像普通美国人一样，劳伦斯和侯赛因-本-阿里对拉姆齐-麦克唐纳所说的在他们背后进行的"三重交易"一无所知。而当威尔逊违背绝大多数人的意愿将美国拖入欧洲冲突的时候，他的老套的借口是，这场战争是一场"为民主而使世界安全"的十字军东征。威尔逊的背叛行为仍在继续。贝拉-多德博士在 1930 年写道，威尔逊时期的情况非常糟糕，他觉得"现代历史在很大程度上是一个反对真理的阴谋"。(*反对上帝和人类的阴谋*），第 9 页）。

我发现，如果没有埃德蒙-罗斯柴尔德男爵的支持，在里森、齐克朗和罗斯皮纳建立的俄罗斯犹太复国主义定居点将会失败，在巴勒斯坦几乎没有犹太人存在。这是罗斯柴尔德战略的一个关键部分，让人觉得犹太人已经在巴勒斯坦生活了--这个潜规则很成功。

罗斯柴尔德还帮助建立了两个新的殖民地，即埃克伦和梅杜尔。到本世纪末，总共有 21 个农业定居点，但罗斯柴尔德对定居者的能力没有信心，坚持保留对这些定居点的直接监督和控制。休伯特-赫林在他的《*战争*》*一书中*总结了美国为犹太复国主义者拥有巴勒斯坦而不得不付出的代价。

> 我们为战争付出了代价。我们付出了 126,000 人死亡、234,300 人致残和受伤的生命。我们付出了数十万人的生命，战争将他们从和平世界的应有位置上撕下。我们已经付出了战争歇斯底里的鞭子对我们国家士气造成的不可估量的损害。我们为此付出了一段经济混乱的时期，而我们还没有摆脱这种混乱。战争的直接成本已经达到了五百五十亿

美元的数字。间接费用永远无法计算。

犹太复国主义方面的对应措施是什么呢?在我看来,这绝对不是什么。一个有趣的旁证是赫兹尔未能得到教皇庇护十世对犹太人移民巴勒斯坦的祝福。

> 我们无法帮助这个运动。我们不能阻止犹太人去耶路撒冷,但我们永远不能祝福它。

根据《犹太复国主义史》第129-130页,这次交流是在1903年与教皇会面时进行的,这意味着阿瑟-贝尔福勋爵早在签署宣言前就知道天主教会强烈反对犹太复国主义移民巴勒斯坦,但没有通知任何人。因此,双重交易的模式在1903年已经很明显。

天主教对以色列的反对可能促成了罗斯柴尔德家族对拥有大量基督教人口的俄罗斯的暴力仇恨。

犹太复国主义之父赫兹尔在44岁时去世。根据《犹太复国主义史》,他从未与罗斯柴尔德家族或东正教犹太人相处得很好,后者的主要拉比并不欣赏他的专制风格。赫兹尔总是想在所有事情上拥有最后的发言权。

> 正如赫兹尔的批评者所指出的那样,赫兹尔身上专门属于犹太人的东西非常少。这也许在他对犹太国家的愿景中表现得最为明显。

> 赫兹尔设想的是一个现代的、技术先进的、开明的国家,由犹太人开明,但不是专门的犹太国家。(《犹太复国主义史》,第132-133页)

很难说赫兹尔对巴勒斯坦作为犹太人的宗教"家园"感兴趣,特别是考虑到大多数新定居者来自俄国,之前与巴勒斯坦没有任何联系,而且那里没有俄国犹太人生活的历史,也没有任何特定的宗教。

漆器说得很清楚。张伯伦勋爵提出在乌干达为犹太人提供一个"家园",尽管这不是英国政府要给的土地。张伯伦告诉赫兹尔,他曾访问过乌干达,并认为:这里是赫兹尔博士的土地，但他当然只想要巴勒斯坦或其周围地区。他是对的。赫兹尔断然否定了这个想法。他的注意力集中在巴勒斯坦身上，其他什么都做不了。1903 年 5 月 30 日，他写信给罗斯柴尔德：我并不气馁。我已经有一个非常强大的人在帮助我。(《犹太复国主义史》，Walter Laqueur，第 122,123 页)

这就是赫兹尔在行动中的真正专制风格。虽然我未能发现罗斯柴尔德家族和哈福德-麦金德爵士之间的任何直接联系，但中间人之间的通信表明，两人就一些事项进行了磋商，特别是起草未来的一个世界政府，即新世界秩序的计划，该计划的实现被委托给了麦金德。伦敦经济学院是共产主义理想的温床，麦金德是该学院的门生，但作为一个保守派，他的形象很好，人们认为他在巴黎和平会议上影响了威尔逊总统，即应采取哪些措施，通过国际联盟的授权来实现新的世界秩序。当然，罗斯柴尔德家族在实现世界社会主义梦想方面发挥了作用。威尔逊抵达巴黎和会后一个月，麦金德的新书《民主理想与现实》出版。该书发行的时机并非偶然。

麦金德在书中呼吁在一个单一的世界政府（表面上是国际联盟）下建立一个新世界秩序（NWO）。如果这个目标不能通过和平和自愿的方式实现，那么就应该使用武力。

麦金德承认，虽然新世界秩序最好是一个民主机构，但不能指望它在某些时候不成为一个独裁政权。犹太复国主义者声称，国际联盟是他们的概念，玛丽亚-奥格雷迪在她的书中提到了这一点，她说："国际联盟是他们的概念。

> 威尔逊总统被犹太金融兄弟会所包围，被阴险的豪斯上校推来推去，被犹太复国主义者布兰代斯所建议。(第 342 页)

犹太复国主义者极大地促进了国际联盟的概念，并声称这是他们的创造。

> 纳胡姆-索科洛告诉卡尔斯巴德会议，该协会是一个犹太人的想法。我们经过 25 年的斗争创造了它。

约翰-科勒曼 (JOHN COLEMAN)

由社会主义者主导的最终世界政府是社会主义的长期目标，众所周知，这一概念受到了罗斯柴尔德家族的青睐。作为自己家族的一员，雅各布-希夫为建立国际联盟而努力工作。他收到了该家族伦敦分部的 N.M.罗斯柴尔德赠送的 3000 英镑。正如我们将看到的那样，这样做可能是别有用心的，因为该协会将在向英国政府授予巴勒斯坦授权方面发挥决定性的作用，这是在巴勒斯坦为犹太人授予 "家园 "的道路上迈出的决定性一步。考虑到这一点，我回到贝尔福勋爵和他所谓的 "贝尔福宣言"，其基础是劳伦斯上校和阿拉伯人背后的双重交易、欺骗和秘密协议。

贝尔福很快解释说，在巴勒斯坦的 "犹太人家园 "并不意味着将一个犹太国家强加给巴勒斯坦的居民，但根据后来的事件，这成为犹太复国主义的目标。正如贝尔福所说。

> ......而是将现有的犹太社区发展成一个中心，使整个犹太民族在宗教和种族方面都能对其产生兴趣和自豪感。

贝尔福没有说的是，英国人的任何行为或言论都无法掩盖巴勒斯坦不属于他们的事实，英国政府根本无权获得巴勒斯坦的授权。但贝尔福在内森-罗斯柴尔德勋爵的支持下，继续向前推进，似乎这两个人有一种固有的权利，可以以他们认为合适的方式任意行事。

贝尔福勋爵完全无视阿拉伯人和其他人口群体，包括基督徒的权利，这可以追溯到 7000 多年前。犹太复国主义的主要专家之一沃尔特-拉奎尔（Walter Laqueur）证实，根据《贝尔福宣言》将在巴勒斯坦居住的大多数犹太人来自俄国。他们之前与巴勒斯坦没有任何联系。拉奎尔还指出，俄国犹太人对被从俄国连根拔起并被送往巴勒斯坦并不是很高兴。

> 俄国犹太人对犹太复国主义和犹太民族家园（宗教家园）的态度存在分歧，无论如何也不可能让俄国在战争中保持下去。另一方面，直截了当地说，即使没有向犹太复国主义者作出承诺，盟国也会赢得战争。

拉奎尔所解释的，尽管有些间接，是犹太复国主义者与贝尔福达成的"交易"，即如果犹太复国主义者能够让美国站在盟国一边参战，英国将在巴勒斯坦建立一个犹太人的家园作为回报。

> 在《贝尔福宣言》通过后不久的一次私人会议上，当被问及他是否打算在战争中争取犹太人的支持时，贝尔福回答说"当然不是"，并继续解释说，他觉得自己帮助纠正了一个具有世界历史意义的错误。1922 年，贝尔福发表演讲，指出整个欧洲文化都对犹太人犯下了巨大的罪行，英国主动给他们机会，让他们在和平中发展他们过去能够在散居地国家应用的伟大天赋。（《犹太复国主义史》第 203 页）

贝尔福没有解释为什么把巴勒斯坦交给犹太人被认为是合法的，因为它属于一个已经在那里生活了 7000 年的民族，特别是马达加斯加的大片土地以及乌干达的土地已经被提出来，并且未经讨论就被拒绝。贝尔福也没有解释，他有利于犹太人的宽宏大量的姿态，将牺牲巴勒斯坦的阿拉伯人和其他非犹太人的利益。他从未解释大多数来自俄罗斯的新移民与巴勒斯坦有什么联系。

雅各布-德-哈斯博士认为，贝尔福的利他主义抗议必须受到质疑，因为宣言的真正动机是将美国拉到盟国一边的战争中。

对《贝尔福宣言》真实动机的确认来自另一个有根据的资料，即《国会记录》，1939 年 4 月 25 日，第 6597-6604 页，其中反映了参议员奈在美国参议院的一次演讲。

> 以"下一场战争"为题的系列书籍已经出版。这套丛书中的一卷名为"下一场战争的宣传"。这卷书是由一个叫悉尼-罗杰森的人写的。
>
> 我无法获得关于他的背景的任何记录；但所有这些书的编辑，包括题为"即将到来的战争中的宣传"的书，是一个其名字被全世界公认为英国权威的人。他不是别人，正是*伦敦时报*的同事、作家和欧洲的军事权威利德尔-哈特上尉。
>
> 据我所知，这本去年秋天出版并投入流通的名为《下一次

约翰-科勒曼 (JOHN COLEMAN)

> 战争中的宣传》的特殊书刊，非但没有扩大流通范围，现在还在那些想让它退出流通的人手中受苦。几天前，我带着卷子来到参议院的会场。很抱歉，我今天没有带着它。我被告知，这是美国唯一一本《下一场战争的宣传》。它是可用的，如果我在参议院有机会需要它，我可以借用它，但它不再容易得到。我希望能得到整本书，并让参议院的每一位成员都读一读。

以下引文来自《*下一场战争的宣传*》。

> 美国将站在哪一边的问题不时地出现在天平上，而最终的结果是我们被亵渎的机器的功劳。那就剩下犹太人了。据估计，在全世界 1500 万人口中，不少于 500 万在美国；纽约的人口中有 25%是犹太人。在大战期间，我们用在巴勒斯坦建立民族家园的承诺收买了这个庞大的犹太观众，鲁登道夫认为这是一个宣传的大手笔，因为它使我们不仅能吸引美国的犹太人，也能吸引德国的犹太人。

乔治-阿姆斯特朗在他的《*罗斯柴尔德货币信托*》一书中，解释了这是如何发生的。

> 毫无疑问，在威尔逊总统 1916 年第二次当选之前，他让我们远离了战争。也没有任何疑问，他是靠这个口号当选的。为什么他在选举后不久就改变了主意？他为什么要与英国政府达成协议以帮助盟国？迄今为止，这一直是一个无法解释的谜。

第十七章

三方旋转木马决定巴勒斯坦的命运

拉姆齐-麦克唐纳将《贝尔福宣言》称为"三叉戟",但国际联盟在 1923 年 9 月 23 日授予英国授权,犯了许多错误中的第一个,很早就证明了它不是任何定义上的公正机构。通过在委任委员会的序言中引用《贝尔福宣言》,它通过一些条款处理了移民问题以及它建议如何处理这些问题,其中第 22 条最具约束力。它没有一处涉及英国割让不属于它的土地的问题。

> 鉴于国际联盟宣布:凡是人口尚不能养活自己的地方,都应根据这些人民的福祉和发展构成文明中令人恐惧的信心这一公认的观点,为他们建立政府制度。

对于没有经验的人来说,如何绕过威尔逊的保证的微妙之处可能不会立即看出来,但第 23 条所做的是否定威尔逊对"自决和独立"的保证,而代之以国际联盟干预主权国家和民族事务的想象权利,实际上玷污了自己的宪章。因此,,对于头脑清醒的人来说,国际联盟从一开始就打算干涉主权国家和民族的内部事务,这一点必须变得很明显。当国际联盟诞生了它的私生子--联合国时,这种不道德的行为和暗中的政治伎俩更加无耻地继续下去,联合国在 1948 年将巴勒斯坦判给了犹太复国主义者,从而对早已被遗忘的《父母联盟》第 22 条所体现的"人民不可剥夺的权利"施以暴力。

阿拉伯的劳伦斯和麦加郡长对英国人背叛对阿米尔-侯赛因

的承诺感到震惊，他们与土耳其军队打得难解难分，相信劳伦斯的承诺，英国总是信守承诺。

在和平会议上，阿拉伯人由谢里夫-侯赛因的儿子阿米尔-费萨尔代表。他曾在劳伦斯上校手下指挥过阿拉伯军队，也是《麦克马洪-侯赛因条约》的签署人，该条约书面保证英国将遵守其对阿拉伯人在巴勒斯坦问题上的保证和承诺。

由于不能完全理解英语和法语，而且不是一个习惯于黑暗阴谋和背叛自己的人，费萨尔不明白发生了什么，所以他向威尔逊呼吁，威尔逊派了一个美国委员会，即国王-克莱恩委员会，到巴勒斯坦进行调查。

克莱恩委员会的成员向威尔逊报告的情况令人吃惊。巴勒斯坦 90%的人口反对任何犹太人移民到巴勒斯坦。引自委员会的报告。

> 让这样一个坚定的民族承受无限的移民和不断的财政和社会压力，让他们交出自己的土地，将是公然违反刚才引用的原则和人民的权利，尽管这符合法律的形式，但在基督教徒和穆斯林看来，犹太人能否作为圣地的适当监护人，或整个圣地的监护人，是令人怀疑的。

犹太复国主义分子决心埋葬这份报告。威尔逊向他周围的犹太复国主义分子低头，妥协了他的原则，一个虚假的"授权制度"取代了"自决"条款。

在国际联盟的监督下，巴勒斯坦的虚假"授权"被授予英国。威尔逊相信非欧洲人口的"落后"性质，使他相信他们会接受授权制度。克莱恩国王委员会的报告被搁置一边，让帝国主义和犹太复国主义在委任统治的幌子下取得了胜利。该委员会的报告根本就消失了。

它没有在*伦敦时报*或*纽约时报*上发表，也没有进入众议院和参议院的事务。我再说一遍，它根本就消失了！但幸运的是，对于"人民不可剥夺的自决权"来说，该报告发表在一个名为"编辑和出版商"的小出版物上。它是如何以及为什么"消失"的？读者可以得出自己的结论，这些结论是相当明显的。

> 当布兰代斯法官听说管理委任统治的英国官员不赞成犹太人时,他立即前往巴勒斯坦,由他的传记作者德哈斯博士陪同。抵达圣地后,他们发现这些报告都是真实的。德-哈斯博士写道,英国总司令和军方及文职助手将《贝尔福宣言》视为战争中一个被遗忘的插曲。美国最高法院法官直接对贝尔福说。

一个补充说明:我坚持认为,一位美国最高法官前往巴勒斯坦,对一位英国官员,一位外交部长进行了训诫,并要求对巴勒斯坦行政当局进行训诫!我认为这是不可能的。谁给了这个非美国官员、非美国政府代表这样的权力?通过这种傲慢的权力展示,布兰代斯恐吓了所有反对犹太复国主义巴勒斯坦政策的人。

> 几小时后,英国外交部提醒埃及和巴勒斯坦的军事当局,不仅要注意《贝尔福宣言》的口头内容,而且要注意这个问题是一个"判断问题",即非常具有现实意义。
>
> 一些巴勒斯坦官员要求进行理想的交流,坚定的犹太复国主义者迈纳特扎根上校被派往巴勒斯坦。没有抗议,没有政治骚动。布兰代斯的直接行动外交已经取得了成果。(雅各布-德-哈斯博士,布兰代斯法官的传记作者)

一个在政府中没有官方身份、没有官方职位的人,究竟如何能去巴勒斯坦和英国,开始要求犹太复国主义者服从?也许我应该回溯我的步骤,把一些线索连接起来。

一个事实是,当布兰代斯去见贝尔福时,贝尔福立即与内森-罗斯柴尔德勋爵联系,后者显然为贝尔福告诉他想采取的步骤开了绿灯。因此,在我看来,在巴勒斯坦的犹太复国主义计划的推进与罗斯柴尔德勋爵之间存在着明确的联系,这使我们直接回到贝尔福,然后再回到布兰代斯。

*1929 年,阿拉伯人的怨恨变成了暴力。

* 犹太人和阿拉伯人之间关于希律圣殿哭墙权利的争议变成了一场公开的冲突。

* 基督徒阿拉伯人联合穆罕默德人反对犹太人。

一个英国委员会报告说，动乱的原因是阿拉伯人对日益增长的犹太人多数的恐惧，以及侵略者对土地的系统性收购。该委员会建议限制移民和土地购买。尽管犹太复国主义者叫嚣着，但这些建议还是被接受了。英国政府于1930年10月20日在所谓的白皮书中公布了调查结果......1938 年 11 月，英国政府宣布放弃分治建议，并试图促进阿拉伯人和犹太复国主义者之间达成协议。阿拉伯人采取了可以理解的立场，认为他们的国家是从他们那里偷来的，谈判就像与小偷讨价还价，要求归还你的一些财产。

当阿拉伯人和犹太人无法达成一致时，英国人宣布他们必须找到自己的解决方案。在1939年5月17日的白皮书中，它拒绝了先前对《贝尔福宣言》的解释，认为它违背了英国对阿拉伯人的义务。英国政治家们可能在为时已晚的情况下才意识到《贝尔福宣言》对阿拉伯人的不公正。1939年的所谓《麦克唐纳白皮书》是一个明显真诚的愿望，即，纠正1917年的错误。在试图使贝尔福政策合理化时，白皮书坚持认为巴勒斯坦的犹太家园已经存在。为了让人们对英国的未来地位没有疑问，白皮书指出。

"因此，国王陛下的政府现在明确宣布，他们的政策不是让巴勒斯坦成为一个犹太国家。它认为，如果巴勒斯坦的阿拉伯居民违背自己的意愿，成为一个犹太国家的臣民，这将违背它在委任统治下对阿拉伯人民的义务，也违背过去对阿拉伯人民的保证。犹太人的愤怒是无止境的。英国在这个问题上的新政策意味着他们精心安排的计划的失败，他们不打算让这场争论随着白皮书的发表而结束。他们发动了一场针对英国政府的世界性谩骂运动，辅之以完全歪曲事实的宣传材料。最后得出结论，英国作为委任统治国，永远不会允许他们在巴勒斯坦建立一个犹太国家，犹太人开始了一场暴力运动，向英国人施压，要求他们放弃白皮书或将委任统治权交给联合国。"

犹太复国主义组织的哈加纳（Hagana），仿照正规军的模式，被动员起来，随时准备出击。两个恐怖组织 Irgun Zvei Leumi 和 Stern Gang，对英国委任统治当局和巴勒斯坦人民发动了攻击。恐怖分子遵循他们在波兰和俄罗斯的哈扎尔兄弟的传统，进行谋杀、爆炸和掠夺（奥利维亚-玛丽亚-奥格雷迪）。

第十八章

犹太复国主义者接管了巴勒斯坦

不说别的，我们现在有了犹太复国主义入侵巴勒斯坦的历史，它导致了三场战争、无数的恐怖主义行为和动乱，完全没有和平，一直困扰着巴勒斯坦和中东地区，并将继续下去，直到所有各方的权利得到承认，人人享有公正。不幸的是，国联的错误被一个同样混蛋的创造物--联合国延续了下来。

1919年7月8日，威尔逊总统在执行了从罗斯柴尔德家族那里得到的豪斯上校的命令后，回到家中。

如果威尔逊期望被当作征服者的英雄来接受，他就大错特错了。从威尔逊没有带一名立法机构成员去巴黎，甚至没有带一名他自己的民主党成员这一事实，可以推断出威尔逊受外国人士控制的迹象。

他的顾问大多是华尔街的犹太银行家和也是犹太人的国际社会主义者。他的巴黎之行中最奇怪的一点是，他和他的随行人员接受了一些非政府赞助者赠送的价值超过100万美元的珠宝。

当总统向美国参议院提出建立一个世界政府的计划时，降临在他身上的政治风暴是他以前从未经历过的。很可能是受到在巴黎的辩论中对德国的霸道"态度"的影响，威尔逊要求参议院完全按照条约的内容来批准，不做任何实质性的修改，也不进行辩论。

这是美国政策中一个惊人的发展，以前从未尝试过。这完全是基于在巴黎举行的秘密闭门会议（德国代表团在酒店呆了一周，没有参加）。威尔逊的独裁态度并非没有得到费边社美国成员肖特维尔教授的支持，他或多或少地告诉参议院赶快批准该条约。

肖特维尔是美国高级秘密政府--对外关系委员会（CFR）的高级成员。曾被任命为1919年专门制定的《联邦储备法》报告员的罗伯特-欧文参议员，现在是参议院国联条约委员会的主席。

支持威尔逊条约的其他人包括尤金-德拉诺、托马斯-J-拉蒙特和雅各布-希夫。拉蒙长期以来一直是费边社的社会主义-共产主义同情者，而希夫后来帮助资助了1904-5年的日俄战争，以及俄国的布尔什维克革命。所有这些人都与罗斯柴尔德家族有联系或附属关系。

特别是，希夫是一个华尔街的银行家，在罗斯柴尔德家族的财政支持下开始了他的银行生涯，而他正是罗斯柴尔德家族的创造者。

1920年3月19日，《凡尔赛条约》被提交给参议院批准，但从一开始就形成了强烈的反对意见。威尔逊要求"按原样"通过该条约，这激怒了许多参议员，他们提出了一些修正案和保留意见，威尔逊根据代表罗斯柴尔德家族的豪斯上校的建议拒绝接受。11月19日，参议院有保留和无保留地否决了《凡尔赛条约》，认为它是对美国宪法主权的巨大威胁，是篡夺其权力的企图。投票结果为49-35。

这一次，豪斯上校和罗斯柴尔德家族处于失败的一方。随后，威尔逊做了一件非同寻常的事情：他否决了宣布结束对德战争的国会联合决议！他说："我不知道。在这一点上，我们有必要回顾一下我们的步骤：随着第一次世界大战的临近和威尔逊试图让美国参与其中，反对威尔逊和他的政府的愤怒的声音被提出。

事实上，87%的美国人民反对战争，但无法战胜国际社会主义者和他们的国际银行家。芝加哥论坛报》断然而严厉地反对美国的加入，并宣称"布兰代斯通过秘密电话管理白宫"。Cyrus D.伊顿表示。

> 美国因参加世界大战而蒙羞，而后来（1925 年），H.A.上尉。斯宾塞在他的《民主还是夏洛克体系》（*Democracy or Shylockcracy*）一书中，[4] 引用了一份电报，其中威尔逊总统的英国军情六处控制人威廉-威斯曼爵士说："布兰代斯叫罗斯柴尔德"。登比兹-布兰代斯法官无疑是在罗斯柴尔德家族的控制之下。在美国参议院拒绝批准《凡尔赛条约》之后的很长一段时间里，反美主义的强烈呼声仍然不绝于耳。

例如，比利时前外交部长保罗-海门斯说。

> "美国拒绝批准该约，并认为前往欧洲代表她行事的人是不合法的。"(《纽约晚报》, 1925 年 7 月 16 日)

就威尔逊总统的性格而言，这并不新鲜。在罗斯柴尔德家族通过豪斯上校施加的巨大压力下，威尔逊调动了他所知道的一切政治力量，使美国加入了第一次世界大战，同时，威尔逊通过美国国会强行通过一项法律，规定派遣州民兵到法国作战，从而严重地、粗暴地违反了美国宪法。

在我看来，这仍然是美国历史上最严重的违反美国宪法的行为之一；因为威尔逊违反了宪法，他清楚地知道自己在无视自己的誓言，犯下了多么严重的错误。

但是，在提供威尔逊对美国人民犯下的可怕罪行的细节之前，撇开对阿拉伯人和巴勒斯坦人犯下的罪行不谈，我想介绍一些迄今为止不为人知的关于威尔逊的控制者和另一个人曼德尔-豪斯上校的事实，只因为这个神秘而阴险的人在美国历史上从旁发挥了如此大的作用，再加上他是罗斯柴尔德家族的密友。

---

[4] *民主或乌托邦*，夏洛克是莎士比亚《威尼斯商人》中犹太放债人的名字。

爱德华-曼德尔-豪斯是托马斯-威廉和伊丽莎白（née Shearn）的儿子。豪斯于 1837 年移民美国并在德克萨斯州定居，在那里他参与了棉花产业，并为罗斯柴尔德家族并代表他们进入银行。

长者豪斯总是作为罗斯柴尔德家族的信任代理人。爱德华在康奈尔大学接受教育，并在没有担任正式职务的情况下成为德克萨斯州州长的顾问，这一职业在威尔逊政府中得到了复制。

德州政府让年轻的豪斯成为荣誉上校，在他非凡的职业生涯中，他一直坚持这个头衔。没有迹象表明德克萨斯州为何偏爱爱德华-豪斯。

1900 年初，罗斯柴尔德家族派豪斯前往欧洲，学习银行家如何控制政治和政治家。回到美国后，众议院，成为民主党政治的主角，正是他选择了伍德罗-威尔逊作为民主党的总统候选人。

豪斯在很大程度上负责威尔逊成功赢得选举，然后制定他的政策，特别是外交政策。一些关于这个问题的真正权威人士认为，豪斯是罗斯柴尔德家族下令建立联邦储备系统银行的中介，尽管美国宪法禁止建立任何中央银行来控制国家的货币。

那么可以说，豪斯主持了二十五年的命运之路，永远改变了美国的面貌，并导致了一个无法无天的联邦政府，在几年内摧毁了开国元勋和下一代人花了近两百年时间建立的东西。

威尔逊是第一位在事实上取得皇帝地位的美国总统，他的帝国将成为美利坚合众国的帝国，是单一社会主义国际政府中新的世界秩序的推动力和领导者。

约翰-科勒曼（JOHN COLEMAN）

第十九章

罗斯柴尔德家族在美国建立了一个中央银行

在罗斯柴尔德王朝的监护下，欧洲发生了深刻的变化，其中最重要的可能是：

*拿破仑一世的崛起 er，作为罗斯柴尔德家族选择的代理人，推翻了欧洲的君主。

* 罗曼诺夫王朝的垮台和基督教俄国在布尔什维克共产党人手中的毁灭。

* 英布种族灭绝战争，这是 19 世纪之交的一场非常重要的战争，在一定程度上被忽略了。

我相信，如果没有罗斯柴尔德王朝的引导，没有其庞大的财政资源为此所做的承诺，这些最深刻的变化不可能也不会发生。

在谈到布尔什维克之前的俄国的事件之前，我将讨论导致罗斯柴尔德干预南非以确保世界上最大的黄金和钻石区的历史，这导致了 1899-1903 年的英布战争。

19 世纪 30 年代，开普敦农民（被称为布尔人）迁入广袤的无人居住的腹地，这被称为大跋涉。他们憎恨英国对他们生活的干涉，特别是解放奴隶。他们克服了巨大的困难，乘坐牛车旅行数千公里，经常翻越崎岖的山脉，并在后来成为奥兰治自由州和德兰士瓦共和国的干燥土地上定居。

当钻石和黄金的巨大发现，这些干旱的土地立即被罗斯柴尔德家族觊觎，他们派出塞西尔-约翰-罗兹的代理人，代表他们要求占有和控制。1898 年，罗斯柴尔德在南非的代理人罗德斯要求罗斯柴尔德勋爵买断法国在钻石矿的利益，为罗斯柴尔德的全面控制铺平道路。

英国政府"吞并"了奥兰治自由邦的一个地区，称为西格里夸兰（钻石发现地），三年后又吞并了德兰士瓦，尽管在这两种情况下，它对该领土没有合法或正当的权利，这种策略将于 1917 年在巴勒斯坦再次使用（见《贝尔福宣言》）。

塞西尔-罗德斯是布尔战争的主要煽动者。从东到西绵延 200 英里的神话般的、矿脉丰富的金矿区是罗斯柴尔德家族决心要获得的闪亮的战利品。由于布尔人拒绝承认维多利亚女王对奥兰治自由邦和德兰士瓦共和国的虚假主张，与英国的摩擦成为地方性问题。

斯塔尔-詹姆森领导的 600 名武装人员为推翻保罗-克鲁格总统的布尔人政府而进行的突袭，显然是一种挑衅。

这是 1899 年爆发的英布战争的前奏，在罗德斯为实现英国政府占领金矿和钻石区的预期目标而进行的阴谋活动失败后，爆发了英布战争。

布尔人有荷兰、爱尔兰、苏格兰、英国和德国血统。他们移居到非洲的最南端，被称为"海角"，荷兰人和后来的英国人在那里建立了一个供应站，为他们在远东和欧洲之间贸易的船只提供燃料、食物和淡水。在后来被称为开普敦的地方，一个繁荣的独立社区在荷兰统治下建立起来。

当时，赞比西河以南的非洲没有黑人（班图人），在开普和赞比西河以北的广阔空旷腹地。只有少数游牧的"霍屯督人"--一种非班图族、蒙古族类型的人--生活在开普敦海岸，靠在海滩上打捞和拾荒来谋取不稳定的生活。他们很快就成为荷兰东印度公司菜园里的工人。但英国人入侵了开普敦殖民地，并在英国东印度公司（BEIC）（一家总部设在伦敦的鸦片贸易公司）下建立了自己的管理机构。

从这个不吉利的开始，一个繁荣和活跃的社区诞生了，荷兰人也融入其中。英国入侵后，伦敦的 BEIC 开始严重干涉荷兰社区的内部事务。

被称为"布尔人"（农民）的荷兰人随后开始组织一个离开开普敦的计划，并"跋涉"（旅行）到北部广阔的无人居住的平原。经过这次长途跋涉，布尔人抵达并定居在无人居住的土地上，他们将其命名为奥兰治自由州共和国和德兰士瓦共和国。我想指出，布尔人经过的数千平方公里的土地上，没有生活在赞比西河以北的班图人种。与流行的历史相反，布尔人并没有从班图人手中夺取德兰士瓦和奥兰治自由州。

有史以来最丰富的金矿的发现使罗得岛进入了人们的视野，从那时起，维多利亚女王开始宣称她对新共和国的毫无根据的要求。在维多利亚拒绝了信徒保罗-克鲁格的和平建议后，战争不可避免。

维多利亚女王决心参战，1899 年，英国政府派出了第一批部队，到 1901 年已发展到惊人的 40 万人，以击败一支游击队，该部队在任何时候的人数都不超过 8 万人，其中许多人年仅 14 岁，老到 75 岁。

布尔人的史诗般的斗争应该成为所有受到大型专制政府威胁的国家的榜样。在将近三年的时间里，农民士兵们与英国军队的骄傲进行了斗争并将其击败。

布尔人在 27000 名妇女和儿童死于基钦纳勋爵和罗斯柴尔德家族的仆人阿尔弗雷德-米尔纳设立的不人道的集中营之后，才同意结束战斗。在看到他们的牛被屠杀，他们的农场被烧毁，他们的妇女和儿童因米尔纳勋爵的种族灭绝政策而数以千计地死去之后，布尔战士们被迫从田野返回，放下了他们的武器。

在整个斗争过程中，罗兹让他的主人罗斯柴尔德家族充分了解情况，并严格执行他们的指示。今天，N.M. Rothschild 仍然从伦敦控制着黄金贸易。罗德在大英帝国是世界上最强大的政治、经济和军事力量的时候开展活动，但布尔人并不害怕在一场他们知道自己不可能赢得的战争中与帝国对抗，但他们以惊人的勇气、决心和勇敢进行了战斗。

大英帝国就像波斯、亚述、巴比伦和罗马帝国一样，建立在两个支柱上：剥夺其"领地"的财产，并利用对居民的实际奴役来完成这一任务。

英国的"贵族"家族可以追溯到威尼斯和热那亚的黑人贵族以及这些城邦的大银行家族。他们是宣传的高手，并没有失去控制，这是他们在布尔战争和第一次及第二次世界大战中最有效的武器。政府的背后是银行家族，其中罗斯柴尔德银行是最有实力和影响力的。一些历史学家坚持认为，他们从南非获得的财富"使罗斯柴尔德家族发财"。

这是一个我不同意的论断。早在他们的代理人塞西尔-约翰-罗兹（Cecil John Rhodes），一个欺骗和诡计的大师，一个憎恨基督教的人，使南非的黄金和钻石宝藏成为罗斯柴尔德家族的垄断之地之前，罗斯柴尔德家族就已经富可敌国。从我在伦敦大英博物馆研究的文件和论文中可以看出，在迈尔-阿姆谢尔去世前不久，他的财富超过了世界上最富有的人的财富之和。

罗斯柴尔德财富的全部范围从未被披露，但已知的是，它以天文数字的速度增长。

阿姆谢尔知道金钱的力量，就像采用他的保密哲学的约翰-D-洛克菲勒老人一样，迈尔知道保密是成功的首要条件。他对犹太人是上帝的选民的宗教信念从未动摇过，他在每一个场合，不管是公开的还是私下的，都表现出他的信念。为了让大家了解罗斯柴尔德家族的财富，我提供以下内容。

> 他的儿子莱昂内尔是王储和迪斯雷利的朋友和顾问，他在*科宁斯比*的西多尼亚是他的理想化（和薄薄的伪装）的肖像。

> 他推动通过了《残疾人法案》，允许犹太人在英国担任公职。他，为英国政府垫付了爱尔兰饥荒贷款（约

40,000,000 美元）和克里米亚战争（约 80,000,000 美元）的资金，并在 24 年里担任了俄国政府的代理人。

他在成功资助美国国债方面发挥了作用，为立即购买苏伊士运河股份提供了资金；他还积极促进法国对德国的赔偿金的支付；指导奥地利帝国的财政和埃及的 8,500,000 英镑（约 4,000 万美元）的贷款。(《犹太百科全书》，第 10 卷，第 501-502 页)

雅各布（詹姆斯）-罗斯柴尔德的财富，独立于莱昂内尔或任何其他家庭成员的财富，据作者阿姆斯特朗写道，历史学家估计，在他去世时价值 2000 亿美元。

"但这只是一个估计，因为没有提出他的遗产清单。"

这当然符合阿姆谢尔的一个既定原则，即应保持机密。最重要的是，罗斯柴尔德家族总是参与资助战争。

希姆-所罗门（又名哈伊姆）帮助资助美国革命。内战期间，Seligman 兄弟公司和 Speyer 公司资助了北方，Messrs Erlanger 资助了南方。最近，在铁路融资的大发展中，库恩、勒布和公司发挥了主导作用。

虽然他没有用这么多话说，但对当时的银行有任何了解的人都清楚，罗斯柴尔德家族通过前线人员和银行为北方和南方提供资金。对罗斯柴尔德家族的财富有不同的估计，一个也许更了解的人，切列普-斯皮里多维奇伯爵，估计他们仅从第一次世界大战中就赚了 1000 亿美元。

历史学家约翰-里夫斯在《罗斯柴尔德家族：国家的金融控制者》中，对罗斯柴尔德家族的成就做了很好的概述。

> 迈尔不可能预见到，他的儿子们在以后的岁月里会拥有如此无限的影响力，以至于国家的和平将取决于他们的点头；他们对欧洲货币市场的强大控制将使他们能够把自己作为和平与战争的仲裁者，因为他们可以随意提供或扣留发动军事行动所需的财政手段。
>
> 但是，尽管看起来不可思议，这就是他们巨大的影响力，加上他们巨大的财富和无限的信用，使他们能够做到这一

点，因为没有任何公司强大到足以在任何时间内反对他们，或者愚蠢到承担罗斯柴尔德家族拒绝的交易。

一个简短的解释：罗斯柴尔德家族有时会拒绝一个提议，无论多么合理，只是为了惩罚某个特定国家或公司的一些错误行为，无论是想象的还是现实的。如果其他银行家接受了罗斯柴尔德家族所拒绝的东西，他们的惩罚就会很迅速。

第二十章

美国宪法被受雇于罗斯柴尔德家族的腐败立法者践踏

我经常问自己这个问题。

> "美国的宪法是国家的最高法律，禁止中央银行，怎么会有这样一个机构，完全违反了宪法？"

要回答这个问题需要数千页的解释，但在下面的简短讨论中，我将尝试提供一条线索，说明联邦储备银行是如何强加给美国人民的。

首先，联邦储备银行不是"联邦"，因为它是由匿名股东而不是由美国政府拥有的。换句话说，它是一家伪装成联邦政府机构的私人银行。

因此，它不对美国人民负责，它从未接受过政府审计师的审计，如果它是一家州立银行的话，法律要求它接受审计，这就是证明。伟大的 Louis T. McFadden，众议院银行委员会主席，曾经在众议院会议上说。

> "...联邦储备银行系统是历史上最大的欺诈，是对美国人民的欺诈。"

1932 年 6 月 10 日星期五，在众议院关于联邦储备银行的辩论中，勇敢的麦克法登说。

> "总统先生，我们在这个国家有一个世界上见过的最腐败的机构。我指的是联邦储备委员会和联邦储备银行。联邦储备委员会，一个政府委员会，已经骗取了美国政府和美国

人民足够的钱来支付国债。联邦储备委员会和联邦储备银行的掠夺和不公平行为，使这个国家损失了足够的钱来偿还国债，而且是多次。

这个邪恶的机构使美国人民陷入贫困，毁掉了自己，也几乎毁掉了我们的政府。它之所以这样做，是因为其运作所依据的法律存在缺陷，因为联邦储备委员会对该法律的管理不善，也因为控制它的富豪秃鹰的腐败行为。有些人认为，联邦储备银行是美国政府的机构。他们不是政府机构。他们是私人信贷垄断者，为了自己和外国客户的利益掠夺美国人民；是外国和国内的投机者和诈骗者；是掠夺性的、富有的放款人。在这个黑暗的金融海盗团队中，有一些人愿意割断一个人的喉咙，从他的口袋里拿出一美元。

12 家私人信贷垄断机构是由来自欧洲的银行家以欺骗和不公平的方式强加给这个国家的，他们通过破坏我们的美国机构来感谢我们的好客。这些银行家把钱从这个国家拿出来，资助对俄罗斯的战争。他们用我们的钱在俄国制造了恐怖统治......他们资助了托洛茨基在纽约举行的不满和叛乱的大规模会议。他们支付了托洛茨基从纽约到俄罗斯的旅费，以便他能够帮助摧毁俄罗斯帝国。他们鼓动和煽动俄国革命，并向托洛茨基提供了他们在瑞典的一家银行里的大量美元资金。有人说，威尔逊总统被这些银行家的关注和他们采取的慈善姿态所欺骗。有人说，当他发现自己是如何被豪斯上校欺骗的时候，他把矛头指向了那个爱管闲事的人，那个金融帝国的"圣僧"，并给他指出了门。他有这样的优雅，在我看来，他应该得到极大的赞扬。

1912 年，全国货币协会在已故参议员纳尔逊-奥尔德里奇的主持下，报告并提出了一项名为全国储备协会法案的恶毒法案。这个法案一般被称为奥尔德里奇法案。

他是欧洲银行家的工具，但不是他们的帮凶，这些银行家为在这个国家建立一个中央银行已经谋划了近 20 年，到 1912 年，他们已经花费并继续花费巨额资金来实现其目标。

......在那些站在豪斯上校身后的阴险的华尔街人物的指导下，"国王银行"这个吃人的君主机构在我们这个自由的国家建立起来，从上到下控制我们，把我们从摇篮锁到坟墓。联邦储备法破坏了我们古老而独特的经营方式...

它把宪法作者试图拯救我们的暴政强加给了这个国家。

国家被警告的危险已经到来，并表现在伴随着联邦储备委员会和联邦储备银行背信弃义和不诚实的事务的一长串恐怖中......奥尔德里奇法案是由纽约的欧洲裔银行家创建的。它是帝国银行和其他欧洲中央银行的副本，一般是翻译"。(特别是英格兰银行)

(摘自众议院档案，路易斯-麦克法登议员的讲话)

1933年6月15日星期四，麦克法登再次上阵，反对将中央银行强加于美国，这显然违反了美国宪法。在众议院发言时，麦克法登抱怨外国银行家拿走了美国人民的钱和信用，并把重点放在雅各布-希夫身上，他声称希夫是罗斯柴尔德家族的代理人。

他还攻击了梅耶先生，他是乔治-布卢门撒尔先生的妹夫，他是 J.P.摩根公司的成员，我知道该公司代表了罗斯柴尔德家族的利益......我想明确指出，通过让梅耶先生担任联邦储备系统的负责人，你就把它完全交给了这个国际金融集团。

美国是如何被迫陷入联邦储备银行体系的束缚中的？答案其实很简单。

这是通过罗斯柴尔德家族的金融力量和美国参众两院的一群叛徒实现的，他们准备出卖自己的灵魂以换取富足和安逸的生活。这种人在每个国家都能找到，而且没有办法防范他们的背叛。他们的卑劣行径继续收获着苦果。由于敢于揭露奥古斯特-贝尔蒙特进入美国的唯一目的是获得对政治家的控制，使罗斯柴尔德家族能够强行控制美国的货币和信贷，麦克法登被谋杀了。

曾有三次暗杀企图，一次是枪击，但没有成功，两次是投毒，最后一次杀死了这位伟大而勇敢的美国人。杀害他的凶手一直没有被找到，正义仍然必须得到伸张。

因此，一位伟大的美国基督教爱国者被压制住了，一种难以言喻的犯罪行为被实施，金融奴隶制被强加给美国人民。只要美国众议院和参议院的民选代表遵守他们的誓言，维护和保护美国不受领导国际社会主义对宪法的攻击的国际银行家的蹂躏，自由之福将是美国人民的福气。

但是，当我们的代表向国际银行家的货币权力低头，在罗斯柴尔德家族的货币权力祭坛上卖淫时，我们人民失去自由和宪法保障的权利的时候到了。

联邦储备法》是对宪法的一个大锤式打击，是曾经自由的美国人民棺材里的另一颗钉子。联邦储备法是在一条将以彻底摧毁宪法为终点的道路上的一个进步。罗斯柴尔德家族的一个爪牙布莱斯勋爵说，需要五十年才能摧毁美国人民的宪法所保证的共和制政府形式。布莱斯勋爵预言，……。

> 由宪法保护提供的安全感将像晨雾一样消失。

就是这位布莱斯勋爵，通过虚假的证词，发表了关于德国在比利时的暴行的公然谎言，导致美国加入第一次世界大战。

在控制了欧洲的主要银行并成为欧洲大陆和英国所有政府的首选贷款人之后，罗斯柴尔德家族又控制了英格兰银行。为了掩盖这一事实，规定银行股东的名字永远不应公开。

> 这种力量使金本位制得以建立，首先是在大英帝国，然后是在其他国家，如所示。他们获得了英格兰银行的控股权，已故的罗斯柴尔德勋爵是该银行的代理人和黄金管理人。

> 英格兰银行是他们众多战线中的一个。毫无疑问，他们在大多数其他发行的中央银行中拥有多数股份。为了严格遵守从一开始就成为罗斯柴尔德领导层的基本原则的保密规定，英格兰银行拒绝透露其股东情况。

> 他们[罗斯柴尔德家族]在第一次世界大战之前，派他们的代理人之一保罗-沃伯格作为代表来到美国，以改变我们的银行系统。

> 通过他们对 J.P.Morgan and Co.和 Kuhn, Loeb and Co.私人银行的所有权和控制，他们拥有并控制了纽约的主要国家银

行和信托公司，并通过它们控制了纽约的联邦体系……对于控制信贷的随意扩张和收缩来说，至关重要的是应该有一个最高当局，有权随意增加或减少流通的货币量。

在罗斯柴尔德政权之前，这种权力属于世界上的国王和皇帝，因为他们是最高的权威。在我们国家（美国），我们的国家宪法将这一权力（完全）赋予了美国国会……在罗斯柴尔德家族的影响下，世界上的银行系统都已经发生了根本性的变化。发行货币以及发放信贷的最高权力，被各国政府转移到各自国家的银行家手中。英格兰银行成为世界其他中央银行的典范。在联邦储备系统建立的时候，我们的政府是唯一一个甚至声称要行使其主权权利来发行和控制流通中的货币量的重要政府。联邦储备系统的建立意味着将美国人民通过他们在国会的代表监管证券的主权权力完全交给了银行业兄弟会，这是国家宪法对他们的保障。

1907年的恐慌和我们所有其他的恐慌一样，是一种被操纵的恐慌。这是由于纽约储备银行拒绝向乡村银行的储户支付货币，从而迫使这些银行拒绝向其储户支付货币造成的。因此，这主要是由于，因为流通中的货币数量不足和增加供应的方法不当。

在改革我们的银行和货币体系的运动中（以防止进一步引起恐慌的操纵），德国犹太人保罗-沃伯格从罗斯柴尔德家族的所在地美因河畔法兰克福来到美国。当他来到这里时，他当时是纽约的库恩、勒布和公司的成员，即罗斯柴尔德家族的美国分部。

以下是1918年12月关于他的一份海军情报报告。

> "沃伯格，保罗，纽约市，德国人；1911年入籍美国，被德皇授勋；曾任美国联邦储备局副局长，是一位富有和有影响力的银行家；经手德国为列宁和托洛茨基提供的大笔资金；当事人有一个兄弟是德国间谍系统的负责人。"

联邦储备系统是罗斯柴尔德家族的产物，它的采用是通过他们一贯使用的地下和欺骗性手段来实现其目标。很明显，保罗-沃伯格来到美国是为了改革我们的银行和货币体系，很明显，他和罗斯柴尔德家族当时预见到了世界大战 [1914-1918 年第一次世界大战]，尽管它在三年后才发生。

这是美国人民有史以来遭遇的最大灾难的肮脏故事。于是，我们向杰罗伯姆-罗斯柴尔德及其继承人交出了对我们福利和幸福的完全支配权。在此之前，巨大的影响力是由他的银行 Morgan and Company 和 Kuhn, Loeb and Company 以及它们的子公司行使的，但现在他的权力是最高和无限的。这种投降使其对世界各国人民的经济控制更加完善。

(Emmanuel Josephson, *Rothschild Money Trust*, 第 36、40、41、132 134 和 1600 页)

第二十一章

罗斯柴尔德家族挫败了美国宪法

羅斯柴爾德家族大膽挪用美國的信貸和貨幣供應的驚人之處是，它是在美國憲法禁止建立中央銀行的嚴格規定下完成的。

耶穌基督在受难时的话提醒我们，他说："父啊，赦免他们，因为他们不知道自己在做什么"。这个祈求宽恕的祷告是为罗马士兵并代表他们，而不是为要求处决他的犹太公会。

这就是我们对那些美国国会成员的评价，他们不知道发生了什么，不了解他们正在遭受的巨大骗局，最糟糕的是，他们无视他们曾发誓要维护的宪法。

"父啊，赦免他们，因为他们不知道自己做了什么"。

但对于那些知道自己在做什么的叛徒、欺骗者、骗子和卖国贼，我说，按照宪法制定者的建议，因叛国罪被绞死，对他们来说是太仁慈的命运。

当时一些专家想知道为什么《联邦储备法》会在什么时候出台。

我想到了两个原因。白宫里有一个温顺的社会主义总统，美联储的设计师们，他们知道战争迫在眉睫。因此，在敌对行动开始之前，中央银行的运作是至关重要的。

后来的历史表明，《联邦储备法》的通过为即将到来的战争的发生提供了时机。如果没有美国提供的大量资金，完全有理由相信，第一次世界大战不会发生。

当然，第二个原因是最明显的。对美国银行和财政的完全控制。

非法和违宪的《联邦储备法》的通过，使罗斯柴尔德家族通过威尔逊的背叛，将美国拖入第一次世界大战，导致数百万基督教青年死亡，成为欧洲和美洲国家的花朵，并使美国损失了数十亿美元。

这些叛徒从未受到惩罚，美国今天仍然受到那场可怕的战争和随后的战争的影响，以及罗斯柴尔德家族对所谓"自由"美国的扼杀，他们继续从中赚取暴利。

美国人民所有真正的自由在罗斯柴尔德家族通过创建联邦储备银行控制美国的货币、信贷和经济的那一天结束了。当我们考虑到罗斯柴尔德家族在美国共和国的心脏地带建立他们的银行系统的力量时，我们想起了以下的经文。我们的凯撒以什么肉为食，使他变得如此伟大？

我在这本书中试图讲述的正是这块"肉"的故事，它也许会对威尔逊和罗斯福如何能够将他们的意志强加给美国人民的谜团有所启发，而他们面前还有伍德罗-威尔逊总统背叛的令人震惊的例子。

关于这种力量的来源，只能有一个答案：罗斯柴尔德在美国的代理人，他们积极希望并寻求美国加入第二次世界大战。由利德尔-哈特上尉撰写的《下一场战争的宣传》一书，很好地揭示了美国人民是如何在绝大多数人完全反对的情况下第二次被拖入欧洲战争的，但遗憾的是，这本书似乎已经无法获得。作者阿姆斯特朗说。

> 显然，它是英国政府的半官方书籍。销毁这些书的副本可能是由战争部长、犹太人霍尔-贝利沙下令的……
>
> 在世界大战或与德国签订的和平条约中，建立犹太人的家园并不是一个问题。
>
> 阿拉伯人是我们的盟友，他们与盟军士兵并肩作战。这是在劳埃德-乔治、伍德罗-威尔逊和乔治-克莱蒙梭这些"老家伙"的授意下，冷酷无情地进行的抢劫。(《罗斯柴尔德

金钱信托》第 65、79 页)

更糟糕的是，这个 "犹太家园 "的建立是对阿拉伯政府和人民的冷血背叛。阿拉伯人声称，他们被诱导站在盟国一边参战，因为他们承诺所谓的《贝尔福宣言》将被撤销，阿拉伯人在和平拥有和占有他们的国家方面不会受到干扰。

英国政府并不否认这一点，但借口是伍德罗-威尔逊坚持让犹太人得到这个民族家园， ，劳埃德-乔治同意这样做，作为一种政治手段，并在和平条约中得到他想要的其他东西。巴勒斯坦现在被正确地称为 "两次应许之地"。很可能德国也承诺以它作为对俄罗斯协议的回报。（《罗斯柴尔德货币信托》第 70 页）

第一次世界大战及其后的和平条约的一个最不引人注意的副作用是白银的非货币化，自古以来白银一直是世界货币体系的重要组成部分。白银是一种高贵的金属，但它不被罗斯柴尔德家族认为具有与黄金相同的价值，尽管它一直是抵御通货膨胀的好办法。

无论是货币，还是金币，还是脚本/证书都不能被膨胀。很可能是考虑到这一点，罗斯柴尔德家族不遗余力地将货币非货币化，在世界货币体系中摆脱具有内在价值的真实货币。我不打算在本书中介绍英格兰银行的历史，只是不时地提到它。

英格兰银行过去和现在都是所有 "部分储备银行 "的模式，包括非法的美国联邦储备银行。它的原始章程在 1844 年之前被修改了八次，毫无疑问，罗斯柴尔德家族与后来的修正案有很大关系，特别是皮尔修正案，它做出了对罗斯柴尔德银行大为有利的激进修改。

皮尔修正案于 1844 年通过，其直接效果是将货币非货币化，而此前自古以来在所有国家，实际上是所有国家作为货币流通的真正货币。

这样做是因为罗斯柴尔德家族希望用黄金支付他们的战争债务，当他们拒绝接受用白银支付内战债务并要求美国政府完全用黄金支付债务时，这一事实变得很明显。毫无疑问，《皮尔修正案》规定了此类事情，并且是专门为以后的事情奠定基础而通过的。该修正案还赋予了英国人对黄金的垄断权，因为他们持有1899-1902年从南非布尔人那里偷来的黄金。

顺便说一句，正是皮尔在众议院推动了《反犹太主义法案》的通过，该法案允许犹太人在英国漫长的历史上第一次竞选公职。但在与强大的反对派的战斗中，皮尔在骑马时从马背上摔下来，因伤势过重而死亡。他是一个有成就的骑手，这使得这次事故更加奇怪。这使得迪斯雷利成为法案的主角。1847年12月7日，迪斯雷利作为党的领导人在下议院的第一次演讲被他的反对者淹没了，领头的是令人恐惧的爱尔兰人丹尼尔-奥康奈尔。

反犹太主义法案的作者是摩西-蒙特菲奥雷爵士，他与罗斯柴尔德家族有姻亲关系，也是伦敦市的两位郡长之一。虽然是犹太人，但蒙特菲奥雷可以担任这一高级职务，因为上议院对伦敦市没有管辖权或控制权。

蒙蒂菲奥里曾来到众议院，以获得听取辩论的许可。

该法案不是直接提出的，而是以它的名义提出的，是一个取消对所有信仰的限制的法案，罗斯柴尔德家族一向如此，称这样的做法是"侧风"。

这是为了结束长期以来的做法，即犹太人不能成为行政长官、教师或进入议会；如果他们拒绝进行基督教宣誓，就不能投票；他们也不能从事法律工作。

莱昂内尔-罗斯柴尔德曾拒绝进行基督教宣誓，虽然他被选入上议院，但由于他顽固地反对进行基督教宣誓而无法就座。

保守党所称的'犹太人法案'不会消失，即使在德比勋爵、本廷克勋爵和罗伯特-英格利斯爵士等议员反对了11年之后，他们在被问及为什么犹太人应该被排除在议会之外时说。

> "犹太人在这里是陌生人,没有资格成为公民,除非符合我们的道德法则,也就是福音。"

上议院的托利党人坚决反对 "犹太人法案",乔治-本廷克勋爵称之为 "犹太人法案",11 年来,每当法案提出时,他都会解释。你必须认识到罗斯柴尔德家族的韧性,当他们想要什么时,他们顽强地坚持下去,直到得到它。正如本廷克勋爵所解释的那样。

> 我把犹太人的问题视为个人问题,就像我对待大笔私人财产或拟议的离婚一样。迪斯雷利当然会热情地支持犹太人,首先是因为有一个有利于他们的世袭先决条件,其次是因为他和罗斯柴尔德家族是伟大的盟友。(摘自汉萨德报告)

本廷克后来被发现死亡,显然是死于心脏病发作,年仅四十六岁。与皮尔之前的死亡一样,本廷克的死亡也留下了许多未解之谜,其中最相关的问题一直没有得到解决。

1849 年 2 月 20 日,在迪斯雷利的领导下,《消除犹太人残疾法》再次在众议院进行了三读。旁听席上坐着路易丝-德-罗斯柴尔德,她代表莱昂内尔-罗斯柴尔德观察了这场辩论。该措施以 272 票对 206 票获得通过,但在上议院被否决。

第二年,1850 年 7 月 29 日,莱昂内尔-罗斯柴尔德再次试图坐上他的位置,但书记员拒绝让他坐,新一轮以激烈辩论为特征的狂热活动开始了。

*泰晤士报*现在把这项措施称为议会的 "年度消遣"。在 1849 年、1851 年、1853 年、1856 年和 1857 年被否决后,迪斯雷利在 1858 年尝试了一种新的方法,改变了誓言的措辞,但上议院再次拒绝了它。

迪斯雷利进行了报复,任命了一个委员会来考虑恢复新誓言的依据,并任命莱昂内尔-罗斯柴尔德为委员会成员。最终,在不光彩的场面和德比勋爵的后卫反对下,以微弱的多数投票赞成,达成了一个妥协:每个议院将制定自己的誓言。在莱昂内尔-德-罗斯柴尔德(Lionel de Rothschild)奢华的家中,人们欢欣鼓舞,"11 年来在议院各个角落的喊叫声和尖叫声"终于结束。

1858 年 7 月 26 日,莱昂内尔-罗斯柴尔德宣读了新的非基督教誓言,在他即将宣读誓言时与迪斯雷利握手,以公开表明他对他的门生的感激之情,他在门生年幼时就明智地、富有远见地使他皈依了基督教,也许是预见到了他刚刚做出的宝贵的服务。

第二十二章

罗斯柴尔德家族打破上议院

闸门被打开了。罗斯柴尔德勋爵接替了他的位置，紧接着大卫-萨洛蒙斯、弗朗西斯-戈德史密斯爵士、纳撒尼尔-德-罗斯柴尔德、弗雷德里克-戈德史密斯和朱利安-戈德史密斯也接踵而至。

有趣的是，这些人中没有一个代表迪斯雷利自己的政党，即保守派联盟党'托利党'。但主要的反对者，德比伯爵，现在正在失去自己党派的支持，以书面形式提出反对意见。

> 在不显示对女王陛下的犹太教徒不忠或不满的情况下，上议院认为，否认和拒绝那位救世主--议会的每个议院每天都以他的名义集体祈祷神灵保佑其议会--构成了道德上不适合参与一个声称有基督教信仰的社区的立法。(Hansard报告)

犹太人解除限制法》最明显的结果是允许罗斯柴尔德家族和其他主要犹太人进入上议院，并废除了备受痛恨的基督教宣誓。对于另一个变化，即英格兰银行的皮尔修正案，普通人，像往常一样，不知道他们是如何被愚弄的，以及他们会失去什么。这些捣蛋鬼的工作非常巧妙，当受害者睁大眼睛走来走去，但不明白他们所看到的东西时，罗斯柴尔德家族巩固了他们对世界货币体系的控制。

当然，这种欺骗行为今天仍在实施，当美国的硬币被制作成银的样子，而它们根本不包含任何银。美国的货币可以很容易地由塑料制成，但那是不可能的，因为那样的话，许多人可能会在这么多年后意识到这种欺骗!甚至《大英百科全书》也试图掩盖皮尔修正案的欺骗性。

> 在试图消除我国货币的固有缺陷时，必须谨慎行事，尽可能尊重现有的利益，并避免采取可能引起公众恐惧或怀疑的措施；但是，这些措施已经如此巧妙地设计，以引起很少的反对，同时做出非常重要和有益的改变……已经如此巧妙地设计，以引起很少的反对，同时做出非常重要和有益的改变。(《大英百科全书》第三卷第 323 页)

例如："缺陷"指的是什么？

主要的'缺陷'是，直到现在，发动战争并不容易，因为从来没有足够的钱用于这些战争，必须通过提高额外的税收来找到钱。这意味着在某些时候，即使是沉睡的众人也会被激怒，并反抗沉重的税收。

另一个 "缺陷 "是，纸币必须有金银支持，可取的是全面实行巴比伦的部分储备银行制度，通俗地说，这意味着银行可以，发行一定数量的没有金银等真实资产支持的纸币。如果没有这些变化以及皮尔修正案之后的纸币泛滥和美国联邦储备银行的建立，就不可能资助和促进第一次和第二次世界大战。根本没有真正的钱来进行这种昂贵的战争，人民也不会愿意支付额外的税收来资助这种错误的冒险。

事实上，如果没有大量的不值钱的纸币，即所谓的美元，就不会有海湾战争，不会有 2002 年对伊拉克的入侵，不会有对塞尔维亚的轰炸，也不会有对阿富汗的战争。它们在世界各地被接受，实际上是由私人银行系统发行的纸片，不能与黄金或白银兑换。

用《大英百科全书》的话说，为什么有必要 "谨慎行事"？如果这是一个诚实的需求，为什么要谨慎行事？但百科全书在 "可能会引起公众的恐惧和怀疑 "这句话中泄露了欺骗的恶劣游戏。

根据他自己的承认，我们现在了解到，谨慎是必要的，因为人们正在从事对公众的基本欺骗，而且这种欺骗必须 "巧妙地设计，以引起很少的反对"。

这是对欺骗和公然欺诈人民的承认。作者们清楚地知道，如果人民听到这个消息就会造反，所以皮尔修正案必须伪装成"非常有益的变革"。

谁是这些"非常有益的变化"的受益者？只有一方受益，即罗斯柴尔德王朝和它的世界性银行。

如果这不是真的，"高度有益的变化"将从伦敦的屋顶上喊出来，，世界上每一个城市。但这些"非常有益的变化"是为了罗斯柴尔德银行帝国的利益，而不是为了许多受影响国家的人民。

虽然罗伯特-皮尔爵士提出了对银行章程的修正案，但事实上其作者是莱昂内尔-罗斯柴尔德，通过他的"男仆"本杰明-迪斯雷利，他创造并使其成为英国首相，就像罗斯柴尔德家族创造并使拿破仑一世出名一样，er。莱昂内尔-罗斯柴尔德对英格兰银行的影响从未减弱，因为他通过要求用他的纸币换取英格兰银行的黄金，吓得英格兰银行将黄金储备的实际控制权交给他，如上所述。

值得一提的是，1847年8月4日，当时迪斯雷利获得议会席位的资格是纸上谈兵，因为他担心他的许多债权人而不能要求所有权，而所有权是必要的资格。在另一位候选人约翰-吉布斯被说服退出选举后，艾尔斯伯里镇所在郡的高级警长梅耶-德-罗斯柴尔德男爵证明迪斯雷利是一名合格的候选人，并宣布他正式当选。

但观众对这个结果并不满意。迪斯雷利被认为是一个入侵者，迎接他的是口哨声和嘲笑声。还值得一提的是，当迪斯雷利处于非常困难的财务状况，可能而且应该严重影响他的议会生涯时，是莱昂内尔-罗斯柴尔德买断了他的债务并解除了债务。这件事在温特劳博的《*迪斯雷利*》中提到，第401页。

> 通过菲利普-罗斯和莱昂内尔-罗斯柴尔德，蒙塔古解除了所有债务。据说提到的蒙塔古"提出购买迪斯雷利的债务并收取低于高利贷利率的利息"。批评者认为，迪斯雷利债

务的真正"买家"，实际上是莱昂内尔-罗斯柴尔德。

另一个不争的事实是，1848年9月，罗斯柴尔德家族通过一个幌子，即蒂奇菲尔德侯爵，帮助购买了迪斯雷利的乡村别墅--休亨顿。正如迪斯雷利给他妻子玛丽-安妮写的那样，"一切都结束了；你是休亨顿的夫人"。

我提到这些事实是因为它们似乎证实了迪斯雷利是"罗斯柴尔德家族的一个单纯的男仆"这一说法。

对罗斯柴尔德家族用来阻止皮尔修正案欺骗行为的方法的研究表明，他们用完全相同的方法来阻止联邦储备银行对美国人民的欺骗。在这两种情况下，阴谋的实施者和受益者有一个相同的来源：罗斯柴尔德王朝。

1840年的灾难是由罗斯柴尔德家族策划和管理的，目的是为1844年的关键修正案打下基础，该修正案对他们非常有利，因为它结束了银币和银票的限制性影响。

罗斯柴尔德家族发动了1907年的恐慌，为美国版的皮尔修正案铺平了道路，即具有欺骗性和完全违宪的联邦储备银行，其法案是由他们在当地的许多特工人员，包括参议员威廉-奥尔德里奇引导通过的。皮尔修正案和联邦储备法是同一个母体的双胞胎，即罗斯柴尔德家族，他们利用他们的前台和爪牙来掩盖这些臭名昭著的财政和货币欺骗措施的真正作者。

罗斯柴尔德家族是如何取得双重成功，将奴隶制的枷锁套在普通人的脖子上的？他们通过拥有和控制，英国议会两个政党的领导人以及美国众议院和参议院两个政党的政治领导人。从那时起，一切都没有改变。

现状仍然存在。这两项措施使罗斯柴尔德家族完全控制了大英帝国的货币和财政政策，并完全控制了美国的货币和财政，从而不仅使罗斯柴尔德家族的财富成倍增加，而且使他们对英国和美国政府的政策发号施令，使他们成为"世界货币市场无可争议的领主和主人"。

迪斯雷利没有说罗斯柴尔德家族已经实现了对世界各国政府的外交和国内政策的完全控制，但几乎没有必要说明这一点，因为这在巴黎和会上变得很明显。

根据他们的罗斯柴尔德主子的指示，威尔逊总统和乔治首相组织了两个委员会，分别称为"金融委员会"和"经济部门"。罗斯柴尔德的代理人巴鲁克和 J.P.摩根公司的合伙人托马斯-拉蒙特被任命为财务委员会成员。

两个委员会的审议和决定的最终结果使英国和法国几乎不可能向美国支付其战争债务，更有可能是为了"取消"这些债务，而这些债务确实被取消了，这是对美国宪法最公然的滥用。

美国宪法中过去和现在都没有关于向外国势力贷款和送礼的规定，更没有关于债务核销的规定。但对罗斯柴尔德家族来说，这只是要克服的另一个障碍，美国注销了盟国所欠的数十亿美元的债务。

其意图非常明确，即欠罗斯柴尔德家族的债务将被偿还，这是西方政府普遍接受的底线。不幸的是，美国政府中的罗斯柴尔德家族的代理人按照这个计划，抢走了美国人民数十亿和数十亿的美元，并使罗斯柴尔德家族获得了类似的财富，这一切都最公然地违反了美国的最高法律--宪法。

在其之后，对宪法的公然无视导致了国际社会主义的加强，带来了贫穷和痛苦，革命导致了共产主义的崛起。

这个对英国历史有如此深远影响的迪斯雷利是谁？他是如何实现其权力地位的？

本杰明-迪斯雷利（1804-1881），在他生命的最后阶段被赋予了比肯斯菲尔德勋爵的称号，是第一个成为英国首相的犹太裔人。

对大英博物馆文件的研究表明，迪斯雷利的成名和权力的上升完全归功于莱昂内尔-罗斯柴尔德。当他被莱昂内尔发现时，迪斯雷利正处于极度贫困的状态，但他仍然能够升官发财，名声大振，因为莱昂内尔-罗斯柴尔德发现他是一个有用的仆人。

罗斯柴尔德的另一个"创造者"俾斯麦声称，迪斯雷利是通过内战搞垮美国的计划的幕后推手。

美国内战是世界历史上最无意义的自相残杀，耗费了近80万人的生命。这是一场本不应该发生的战争，如果没有罗斯柴尔德家族及其代理人迪斯雷利的"暗手"，也不会发生，内战死者的鲜血必须永远留在他的灵魂上。

> 莱昂内尔-罗斯柴尔德成为本杰明的导师和向导。从年轻的迪斯雷利的成长阶段开始，莱昂内尔就负责带领他的门徒从一个成功走向另一个成功。

> 迪斯雷利之于莱昂内尔，就像韦索普特之于阿姆谢尔；甘贝塔之于詹姆斯-罗斯柴尔德三世，就像庞加莱之于阿尔方斯-罗斯柴尔德四世和爱德华-罗斯柴尔德五世，或者像克伦斯基（基尔比斯）之于埃.罗斯柴尔德五世…迪斯雷利是滑入英国上层社会的特洛伊木马，为数十名犹太人渗透到未来的上议院和部长中开辟了道路。现在他们完全统治了她。(*让我们防止第二次世界大战*。切列普-斯皮里多维奇伯爵)

根据巴克尔的《*迪斯雷利的生与死*》。

> "英国历史上没有比迪斯雷利的职业生涯更精彩的了，而且迄今为止没有任何一个人被更大的神秘感所包围。"

但对英国伟大的散文家和历史学家托马斯-卡莱尔来说，迪斯雷利是一个"冒险家和一个出色的希伯来语魔术师"。卡莱尔写了一部关于法国大革命的杰出作品，他关于英雄的讲座备受赞誉，使他比巴克尔的《*英国文明史*》更能评判*迪斯雷利*。威廉-兰格教授在评估迪斯雷利的价值方面也做了更现实的工作，但这些历史学家都没有说到他的导师和控制者莱昂内尔-罗斯柴尔德。切列普-斯皮里多维奇是对迪斯雷利最不友好的人。

> 迪斯雷利的政策主要包括他对俄国的仇恨……被莱昂内尔牵

着鼻子走，迪斯雷利现在摆出一副胜利者的蔑视姿态，那是一种配得上梅菲斯特的态度。由于他脸色苍白，眼睛闪烁，头发乌黑，他采用了黑色天鹅绒大衣，内衬白色缎子，白色手套，挂着黑丝的流苏，一根白色象牙杖，上面有黑色的流苏。

所有这些都是魔鬼般地组合在一起，以便给有影响力的老太太们留下更深刻的印象。多亏了他们，本杰明在伦敦为他的赞助人莱昂内尔学到了所有必要的秘密，迪斯雷利用他的钱获得了进入最高领域的机会。

萨拉-布拉德福德在她的《迪斯雷利》一书中，在第 60 页和第 186 页指出，迪斯雷利有 "强烈的犹太复国主义感情，他在私下里表达了这种感情"。布拉德福德提到了关于迪斯雷利得到罗斯柴尔德家族赞助的其他几个重要因素。

> 他们在婚礼前就认识他的妻子玛丽-安妮，讲述了罗斯柴尔德家族的女士们如何与她变得越来越亲密。（第 187 页）

> 迪斯雷利经常在安东尼-德-罗斯柴尔德的家中受到接待，并被 "视为家庭的一部分"。（第 386 页）

迪斯雷利》的作者温特劳布讲述了莱昂内尔与迪斯雷利的关系有多密切（第 243 页），以及他本人如何 "将莱昂内尔视为自己最好的朋友。"他在伦敦见到他的次数比任何人都多，而且从来不需要邀请他去吃饭。妻子玛丽-安妮去世后，迪斯雷利几乎住在莱昂内尔的房子里（第 243 页和第 611 页）安东尼-罗斯柴尔德是世界上最好、最善良的主人（第 651 页）。

温特劳博提到，阿尔弗雷德-罗斯柴尔德对迪斯雷利极为慷慨。毫无疑问，迪斯雷利和罗斯柴尔德家族有着异常密切的友谊，远远超出了正常意义上的理解。

第二十三章

罗斯柴尔德的代理机构资助了对俄罗斯的攻击

我在本书早些时候表示，我将详细解释罗斯柴尔德家族在1904-5年参与日本和俄罗斯的战争。当时，日本政府认为它得到了雅各布-希夫的帮助，他在幕后煽动俄罗斯和日本之间的紧张关系，但希夫给日本人的贷款背后到底是什么？

罗斯柴尔德家族在寻求破坏俄国稳定的过程中需要日本。他们对罗曼诺夫家族的仇恨是无限的。日本舰队对亚瑟港的攻击为随后适时发生的布尔什维克革命创造了条件。正如莱昂内尔-罗斯柴尔德曾经说过的。

"圣彼得堡法院和我的家庭之间没有友谊。

日俄战争于1904年2月8日开始。共产党人兴高采烈，认为这次袭击是打击政府的一个机会。俄国报纸，如 *Novoye Vremyo*，指责犹太复国主义犹太人秘密帮助日本。他们是对的，因为雅各布-希夫在向日本提供几笔贷款方面发挥了作用。

希夫于1847年1月10日在法兰克福出生，与罗斯柴尔德家族有关。他的父亲为罗斯柴尔德家族所知。成年后，雅各布成为法兰克福罗斯柴尔德银行的一名经纪人。1865年期间，罗斯柴尔德家族派他到纽约与弗兰克和甘斯的公司建立关系， 。根据罗斯柴尔德家族的指示，他在1867年成立了自己的经纪公司 Budge, Schiff and Co.这种合作关系持续了大约6年，并于1873年解散，当时希夫去了欧洲。

在 1873 年参观了德国的银行公司后,他于 1875 年回到美国,成为 Kuhn, Loeb 和 Co.的银行公司的成员。一个众所周知的罗斯柴尔德银行利益在美国的 "幌子"。希夫憎恨俄国,认为俄日战争是一个打击沙皇并可能结束其对俄国统治的机会。

根据他的明确命令,Kuhn, Loeb and Co.在 1904 年和 1905 年发行了三大日本战争债券。为了表示感谢,他被授予日本圣库第二勋章。俄国舰队在亚瑟港被决定性地击败后,为随后在俄国发生的严重动乱搭建了舞台。

- ➢ 1904 年 7 月 28 日:主管内政部长维亚切斯拉夫-冯-普列夫被暗杀。
- ➢ 1904 年 8 月 22 日,基辅、罗夫诺和沃尔尼亚爆发了犹太人暴动,并持续到 10 月。
- ➢ 1905 年 1 月 22 日 血腥星期日,由罗斯柴尔德的代理人乔治-加蓬 "神父 "领导。
- ➢ 1905 年 10 月 2 日至 30 日,全国人民参加的大罢工
- ➢ 12 月 22 日-^{er} 1905-06 莫斯科工人起义
- ➢ 1906 年 5 月 2 日维特伯爵被解职,被历史学家认为是罗曼诺夫统治结束的开始

1904 年 2 月流传的一首写给 "哈曼 "的犹太诗中预言了对冯-普莱夫的谋杀。很容易辨认出是内政部长,它说"新哈曼 "很快就会死。1904 年 7 月 28 日上午,当冯-普列夫站在圣彼得堡华沙仓库前的广场上时,一个名叫萨佐诺夫的恐怖分子向他扔了一枚炸弹。

就在布尔什维克革命爆发前,希夫给了列宁 2000 万美元,为布尔什维克事业服务。难怪教皇利奥十三世在 1902 年 3 月 19 日的使徒信中写道:"*达到第二十五年。*

> 它将大多数国家纳入其巨大的控制范围,并与其他教派联合,其真正的灵感和驱动力是隐藏的。它先是吸引,然后通过为他们确保物质利益的诱惑来留住其同伙。它使政府屈服于它的意志,有时通过承诺,有时通过威胁。它已经渗透到社会的各个阶层,形成了一种无形的、不负责任的

力量，一个独立的政府，仿佛它是法定国家社会机构的一部分。

而杰拉德-恩考斯博士在 1914 年 4 月的《*神秘*》杂志上说。

> 在每个国家的国际政治之外，还有某些不起眼的国际政治组织......参加这些理事会的人不是专业的政治家或衣着光鲜的大使，而是某些不知名的人，伟大的金融家，他们比那些幻想自己治理世界的虚荣的短暂的政治家要高明。

在被移交给阴谋家之前，温斯顿-丘吉尔对俄国的事件发表了评论。

> 一个可怕的教派的统治精神，世界上最可怕的教派，在这些精神的围绕下，以恶魔般的能力开始工作，撕毁俄罗斯国家所依赖的所有机构。俄罗斯被打倒了。俄罗斯必须被打倒。现在它正躺在灰尘中。

丘吉尔指的是列宁和托洛茨基的魔鬼般的愤怒，他们对基督教俄国的恐怖和破坏。(1919 年 11 月 5 日*在下议院的演讲*)

列宁只是罗斯柴尔德家族的另一个仆人，被派来为他们服务。他们对罗曼诺夫家族的仇恨是无止境的。

令罗斯柴尔德家族愤怒的是，沙皇试图组建一个承认基督为统治者的神圣帝国。有几个消息来源证实了这种对立：犹太作家 A.Rappaport 的《罗曼诺夫家族的诅咒》，罗曼诺夫家族的账目，以及罗曼诺夫家族的书。拉帕波特*的《罗曼诺夫的诅咒》*、威廉-兰格教授的叙述、约翰-斯宾塞-巴塞特的《*滑铁卢的失落果实*》以及米尔纳勋爵的私人文件。

神圣联盟被视为基督教国家联盟，奥地利、普鲁士和俄国，希望英国和法国以及欧洲所有国家都能加入。各国都要宣誓效忠于

> "唯一的真正统治者，只有他有神圣的权利，即上帝，我们神圣的救世主耶稣基督，所有的权力都属于他"。

沙皇亚历山大一世（er）是这一希望的联盟的人物，他竭尽

全力使之成为现实。罗斯柴尔德家族立即表示反对该联盟。

朗格教授对它的定义如下，在我看来，这是有偏见的说法。

> 1815 年 9 月 26 日，由沙皇亚历山大一世起草的《神圣同盟》er，由皇帝弗朗茨一世 er 和腓特烈-威廉三世签署，最后由除英国摄政王、教皇和土耳其苏丹之外的所有欧洲主权国家签署。这是一个无害的基督教原则宣言，它将在统治者与臣民的关系以及彼此之间的关系中起指导作用。
>
> 这些含糊不清、毫无例外的原则可能被沙皇设想为仅仅是按照一个世纪前圣皮埃尔神父的建议的国际组织形式的序言。
>
> 这份文件的重要性不在于它的条款，而在于它后来在公众心目中与四国联盟，尤其是与三个东方大国的反动政策相混淆，它们被认为是被一个伪装成宗教的反对人民自由的契约所约束。

首先，它不是 "伪装成宗教"。这是罗斯柴尔德家族的解释，他们尽其所能阻止英国签署该文件。

在法国，罗斯柴尔德家族在获得 "政教分离 "以帮助解散神圣联盟方面发挥了作用。拉帕波特的书解释说。

> 欧洲和平的恢复让沙皇亚历山大一世 er，他非常满意。亚历山大把他的注意力集中在国家的无礼上，认为这是罪恶的根源。他设想恢复人民的宗教热情，从而重新建立宗法制度、家庭生活的纯洁性、对法律和权威的服从。但统治者必须树立榜样，成为臣民的楷模。
>
> 欧洲的统治者必须本着基督教创始人的精神执行他们作为帝国和王国的统治者的任务，基督教必须成为统治者和他们的人民以及他们之间的纽带。
>
> (罗曼诺夫家族的诅咒》，第 336 页）。

显然，如果考虑到切列普-斯皮里多维奇伯爵的著作，神圣联盟与罗斯柴尔德家族的计划相抵触，他认为，从 1815 年那一刻起，罗斯柴尔德家族就注定了俄罗斯和罗曼诺夫家族的命运。红衣主教曼宁表示。

一个协会已经成立,其明确目的是将所有宗教从各国连根拔起,并推翻欧洲的所有政府。

这位红衣主教认为,第一个受害者是法国大革命中的法国,而俄国是他的第二个受害者。有证据表明,迪斯雷利没有说出关于俄国的真相。正是罗斯柴尔德家族煽动了布尔什维克革命,并通过他们在纽约的雅各布-希夫和 J.P.摩根的银行战线,以及在伦敦通过阿尔弗雷德-米尔纳勋爵资助了革命。事实是,希夫给了托洛茨基 2000 万美元,以方便他完成推翻基督教俄国的任务。

罗斯柴尔德家族的历史表明,他们毫不犹豫地花费他们巨大的财富的一部分来实现政治目标。在这样做的过程中,他们取得了惊人的成功。

罗斯柴尔德家族掌握并行使着对国家和政府的惊人权力,这一点从以下事实中可以看出。

德皇不得不咨询罗斯柴尔德家族,看他是否可以宣战。另一个罗斯柴尔德在推翻拿破仑的冲突中首当其冲(《爱国者》,斯图尔特-霍尔登博士,1925 年 6 月 11 日)。

格鲁吉亚(高加索)的叛乱是由罗斯柴尔德家族发动的(《人道报》,1924 年 9 月,犹太人杂志)。

罗斯柴尔德家族可以发动或阻止战争。他们的话语可以造就或摧毁帝国。(《芝加哥晚报》,1923 年 12 月 3 日)

阿尔方斯-罗斯柴尔德同意支付法国对德国的所有赔偿金,如果法国选举他为国王的话(赫姆森伯爵的《军需官日记》)。

在 1914 年 7 月 3 日最后一次具有决定意义的英国内阁会议上,劳埃德-乔治先生邀请罗斯柴尔德勋爵参加辩论。总理代表罗斯柴尔德家族玩了他的邪恶游戏,他一直都是罗斯柴尔德家族的工具,而且仍然是。如果英国诚实地宣布她将站在俄国和法国一边,就不会有战争,因为德皇绝不会允许战争,尽管有十个犹太人紧紧围绕着他。Bethman-Hollwig-Rothschild, Rathenau, Ballin and Dembury (*Undisclosed history*, Count Cherep-Spiridovich)

自 1770 年以来，罗斯柴尔德家族一直是每个政治和金融事件的骨干。他们的名字应该在每个国家的历史上的每一页都被提及。不提及这些的作家、教师、讲师和政治家必须被认为是傻瓜、伪君子或无知的罪犯。(《未揭开的历史》，切列普-斯皮里多维奇伯爵)

包含罗斯柴尔德家族详细资料的大部分档案在 1871 年巴黎公社期间被故意烧毁，罗斯柴尔德是公社的主要资助者。(*La Libre Parole*, 1905 年 5 月 27 日)

1817 年 2 月，共济会、布布利科夫等人，都是罗斯柴尔德家族的心腹，他们去了俄国，阻止了开往彼得格勒的快餐列车，以挑起人民的反抗。(*不为人知的故事*，切列普-斯皮里多维奇伯爵)

1911 年 2 月 15 日，希夫公司敦促塔夫脱总统不要延长与俄罗斯的 1832 年贸易条约。当他拒绝时，希夫拒绝与他握手，说"这意味着战争"。卢辛斯基和斯托雷平总理被谋杀，随后发生了世界大战。(*走向灾难；危险和补救措施*，切列普-斯皮里多维奇伯爵)

罗斯柴尔德家族与国王、王子和权贵们交往，积累了巨大的财富和头衔、领主和男爵、"爵士"和"夫人"，获得了无数的荣誉。他们想忘记自己的初衷，忘记他们的创始人，因为他挪用了黑森-卡塞尔侯爵委托给他的"甘露"，使这一切成为可能。

- ➤ 迈尔-阿姆谢尔　　　1743-1812
- ➤ Anselm Mayer　　　1773 - 1855
- ➤ 萨洛蒙　　　1774 - 1855
- ➤ 内森　　　1777 - 1836
- ➤ 卡尔　　　1788 - 1855
- ➤ 雅各布-詹姆斯　　　1792 - 1868

第二十四章

对罗斯柴尔德家族的一些看法，他们在战争、革命和金融阴谋中的作用

这一章由不同作者和权威人士的意见和观点组成，由于这些意见和观点有些不连贯，所以不方便列入本书的正文。

然而，在我看来，它们很重要，因为它们为历史学家和学者的著作提供了基础，他们几乎坚定地认为，罗斯柴尔德家族是18和19世纪发挥作用的最大力量之一，而且很可能在今天更是如此。

> 第一次世界大战为爱德华-罗斯柴尔德赢得了超过1000亿美元。(切列普-斯皮里多维奇伯爵)

> 目前在德国发生的这场强大的革命，人们对它知之甚少，它完全是在犹太人的支持下发展起来的，他们垄断了德国几乎所有的专业职位。(*Coningsby*, Disraeli, page 250, 写在1844-1848年的事件上)

> 历史学家一致认为，他指的是罗斯柴尔德家族。此后几乎所有的战争和革命都是由罗斯柴尔德家族资助的（迪斯雷利在《*康宁斯比*》中，第218-219页）。

> 国际联盟是一个犹太人的想法。我们经过25年的斗争创造了它。（内森-索科洛，犹太复国主义领导人在卡尔斯巴德大会上，1932年8月27日）。

> 国际联盟完全由犹太人管理。Paul Hymans, Sir Eric Drummond, Paul Mantaux, Major Abraham, Mrs. N. Spiller, 犹太"男仆"Albert Thomas 是"劳工部的负责人"，他与法国的数百万人一起帮助布尔什维克在俄罗斯登基。他收到了一

份令人难以置信的薪水"。(*Le Péril Juif La Règle d'Israël chez les Anglo Saxons*, B. Grasset, Peres, France)

同样，这似乎是指罗斯柴尔德家族，我不厌其烦地指出，在大多数情况下，"犹太人 "可以替代 "罗斯柴尔德"。

现代社会革命运动可以追溯到18世纪中期，。从那时起，颠覆性的鼓动源源不断，形式多样，但本质上是一样的，不断扩大和加深，成为名副其实的洪水，淹没了俄罗斯，并有可能吞噬我们的文明。(《对文明的反叛》，Lothrop Stoddard)

伟大的革命运动开始于 18 世纪中后期，1770 年阿姆谢尔-罗斯柴尔德成为黑森-卡塞尔封地的经理。阿姆谢尔雇佣了 18 世纪的所有米留科夫、克伦斯基、列宁等人，开始了他们的颠覆性鼓动，就像 E-罗斯柴尔德雇佣了 20 世纪的那些人一样。（切列普-斯皮里多维奇伯爵）

具有世界意义的事实被太少的人所知，我们需要更多的事实。人类如果没有事实，就无法找到光明。(《芝加哥每日新闻》的编辑)

Abbé Barruel 在 18 世纪，丘吉尔在 20 世纪，这个强大的教派是什么？答案可能在于基督教的力量和基于基督教的文明。它是俄国之外的一个势力；它是一个世界性的势力，它强大到足以打倒俄国，还有霍亨索伦家族。(*世界动乱的原因*，内斯塔-韦伯斯特，第 35 页。)

劳埃德-乔治说，他不相信任何政治家或领导人造成了战争。可能要过一个世纪，世界才会知道全部真相。(科普兰参议员，国会记录)

罗斯柴尔德家族与少数同教密谋拥有世界（《罗斯柴尔德家族的秘密》，玛丽-霍巴特夫人）。

德皇不得不与罗斯柴尔德家族协商，以决定是否可以宣战。另一个罗斯柴尔德在推翻拿破仑的冲突中首当其冲（《纽约时报》，1924 年 7 月 22 日）。

在柏林的帝国档案中，发现了一封罗斯柴尔德写给威廉二世的信，要求发动战争（《犹太人的真相》，沃尔特-赫特，第 324 页）。

对公众来说，可以揭示历史的家族档案（罗斯柴尔德家族）是一个深深的秘密，是一本被隐藏起来的密封书（《罗斯柴尔德家族，世界的金融统治者》，约翰-里夫斯，第 59 页）。

俾斯麦、贝肯斯菲尔德（迪斯雷利）、法兰西共和国、甘贝塔等等，似乎都形成了一股不可战胜的力量。仅仅是一个海市蜃楼。只有犹太人和他的银行才是他们的主人，才是整个欧洲的统治者。犹太人将倾向于 VETO，而俾斯麦将突然垮台......对罗斯柴尔德家族来说，没有什么比美国起义和法国大革命的爆发更吉利的了，因为两者都为他们后来获得的巨大财富奠定了基础。（《罗斯柴尔德家族的世界金融统治者》，约翰-里夫斯，第 86 页）

内斯塔-韦伯斯特夫人无法逃避这样的结论：是国际金融家提供了（革命和战争的）资金。确切地说，是犹太金融家提供了资金；是犹太人在两千年来一直是革命的代理人-代言人。正是犹太人构成了五个主要有组织的恐怖运动的秘密内部委员会，有组织的政府必须与之打交道。（《纽约时报》，1925 年 3 月 8 日）

在所有的历史中，没有人引起过如此相反和强烈的情绪，也没有人获得人类如此的钦佩、恐惧和仇恨。(Napoleon, Hebert Fisher)

有一个人，拿破仑，出生时没有任何财富或高尚血统的优势，在 35 岁之前就成为世界的主人，并在 46 岁时结束了他无与伦比的浪漫不可能的职业生涯。（《拿破仑有多伟大？悉尼黑暗》）

总之，令人惊讶的是，那些有能力为自己的利益发动战争的世界精英领导人，也可以把那些反对他们的宏伟计划，特别是反对他们在独裁世界结构中建立新世界秩序的曾经重要的国家领导人打垮并贬低到默默无闻。除非能够发起反击，反对这些计划，否则到 2025 年，世界很可能陷入残酷的独裁统治的黑暗之中。

约翰-科勒曼 (JOHN COLEMAN)

约翰-科勒曼 (JOHN COLEMAN)

已经出版

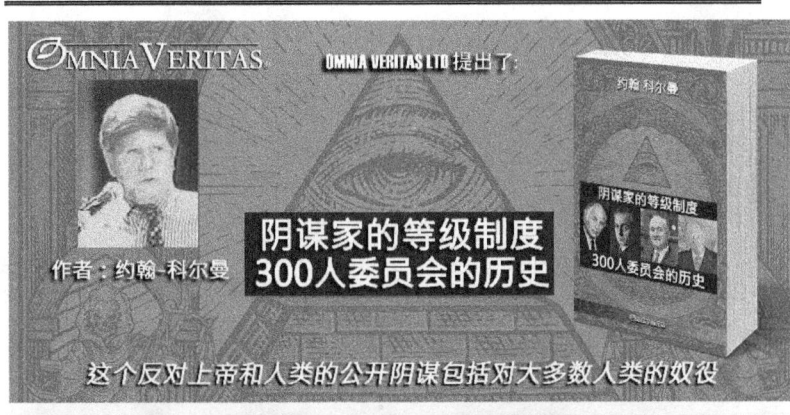

约翰-科勒曼 (JOHN COLEMAN)

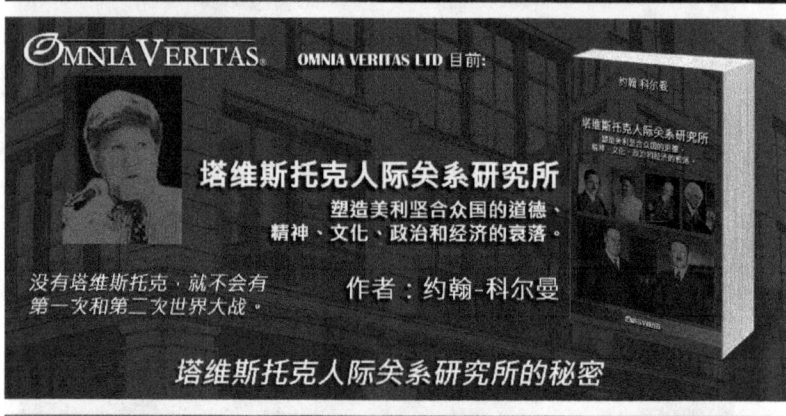

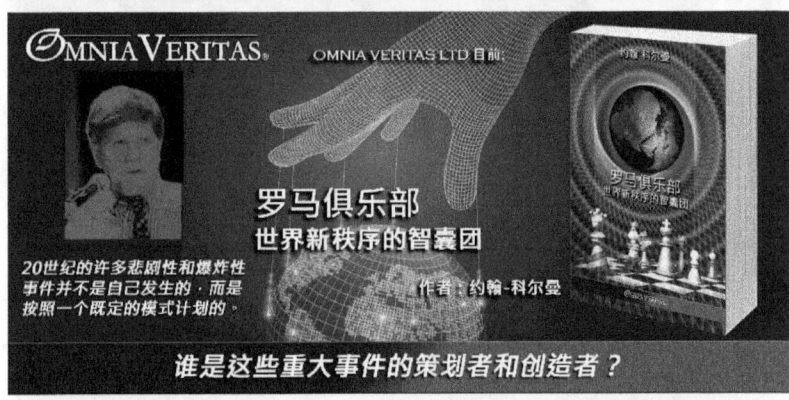

约翰-科勒曼 (JOHN COLEMAN)

www.ingramcontent.com/pod-product-compliance
Lightning Source LLC
Chambersburg PA
CBHW050819160426
43192CB00010B/1827